DELAVIER'S STRETCHING ANATOMY

ガイアブックスは
地球の自然環境を守ると同時に
心と身体の自然を保つべく
"ナチュラルライフ"を提唱していきます。

Originally published in French by Éditions Vigot, Paris, France under the title: *Guide du stretching* 1st edition © Vigot 2010.
(English Edition: Delavier's Stretching Anatomy)

Photography: ©All rights reserved.
Illustrations: ©All illustrations by Frédéric Delavier.

ドラヴィエの図解と実践
ストレッチング アナトミィ

著者

フレデリック・ドラヴィエ

ジャン=ピエール・クレマンソー

マイケル・グンディル

翻訳者

東出 顕子

イントロダクション......7

なぜストレッチングか？／あなたとあなたの体を再び結びつけるエクササイズ......7

ユーザーマニュアル......9

無理するのではなく、体の声に耳をかたむける自然な方法......10
ストレッチングの効果......10
穏やかなエクササイズ......11
ストレッチングの種類......11
ストレッチングプログラムを組み立てる......12

ストレッチ中の呼吸法......13
呼吸とリラクゼーション......13
呼吸の大切さ......13
吸うと吐く......14
深く呼吸するが、自然なリズムで......14
呼吸とは......14
肺呼吸......14
能動呼吸と受動呼吸......15

なぜアスリートにストレッチが必要か......16
ストレッチングがアスリートにもたらす5つの効果......16
過度の柔軟性はパフォーマンスを低下させる......17
アスリートがストレッチする4つのタイミング......18
アスリートはどうストレッチすべきか......19
ストレッチング中の呼吸......19
片側ストレッチング......20
スポーツで生じる問題を予防するストレッチング......21

ストレッチの実践......25

首のストレッチ......28
肩と胸のストレッチ......34
肩痛を予防するには棘下筋をストレッチする......34
アスリートの肩痛を予防する......34
棘下筋を守るには......38
上腕と前腕のストレッチ......50
体幹の側屈筋のストレッチ......58

体幹の回旋筋のストレッチ 63
背中をリラックスさせるストレッチ 71
腰痛を予防する 71
脊柱をリラックスさせる 72
股関節のストレッチ 81
重要な股関節の柔軟性 81
殿部のストレッチ 87
大腿四頭筋のストレッチ 92
ハムストリングのストレッチ 99
ハムストリング断裂を予防する 99
内転筋のストレッチ 111
ふくらはぎのストレッチ 120

ストレッチングプログラム 127

筋肉を引き締め、心身を健康にするストレッチングプログラム ... 128
初心者向けプログラム 128
中級者向けプログラム 130
上級者向けプログラム 131
アスリートのためのストレッチングプログラム 133
プログラムのガイドライン 133
アスリート向け基本プログラム 134
ゴルフおよび体幹の回旋が入るスポーツ 135
走るスポーツ、サッカー、スケート 136
スキー 137
格闘技 138
自転車 139
投げるスポーツ (砲丸投げ、バスケットボール、ハンドボール) .. 140
乗馬 141
水泳 142
ボディビルディング 143

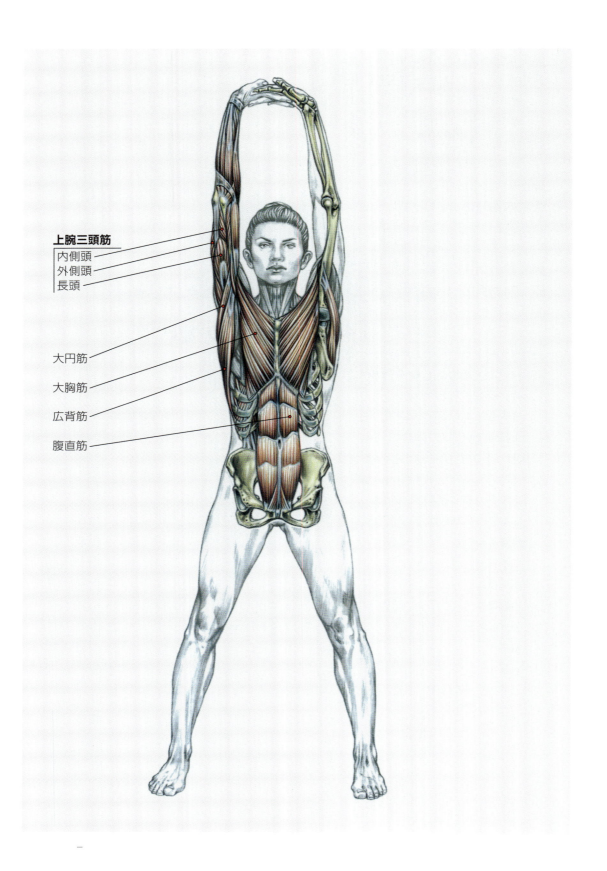

イントロダクション

なぜストレッチングか？

本書では、ほんとうに効果のあるストレッチングエクササイズを紹介し、ストレッチングが総合的なウェルビーイング（身体的、精神的、社会的に良好な状態）にどう役立つかを説明する。

あなたとあなたの体を再び結びつけるエクササイズ

ストレッチングの極意は動きのシンプルさにある。運動不足やストレスを避けられない以上、念入りに筋肉を伸ばし、緊張をほぐす方法を学ぶしかない。さもなければ、筋肉がこわばって硬直し、そのせいで血行が悪くなる。

ストレッチングは単に体を調整する手段ではない。体への意識を高めることでストレスを緩和するものでもある。ストレッチングは、ヨガのように、感情の乱れを処理する能力や集中力を高めるテクニックの1つなのだ。

ストレッチングは、自分の体がどう機能するか知り、自分の体をコントロールできるよう

にするための理想的なエクササイズだ。ストレッチングでは自分を信じる姿勢が求められる。だから、自信がつき、自分の体を受け入れられるようになる。そしてストレッチングは、筋肉をリラックスさせ、血行をよくする。どれもウェルビーイングに欠かせない。このようにして、ストレッチングは緊張をほぐし、痛みを取り除く効果を発揮する。

ユーザーマニュアル

無理するのではなく、体の声に耳をかたむける自然な方法

ストレッチングはウェルビーイング、筋緊張*、柔軟性を改善するのに欠かせない。
こうした効果を得るには、呼吸を意識しながら、シンプルなエクササイズを
いくつか定期的に行うだけでいい。

*筋肉の正常な持続的張力。姿勢維持や運動遂行に備える。トーヌスとも言う

ストレッチングの効果

定期的なストレッチングには次の効果がある。

→ 心身ともにリラックスする。
→ 筋肉や腱の柔軟性が増す。
→ 可動域が広がる。
→ 筋緊張が改善する。
→ 心肺持久力が向上する。
→ 疲れにくくなる。
→ 筋肉や関節のケガや痛みを予防する。

穏やかなエクササイズ

ストレッチングはリスクのない穏やかなエクササイズだ。そして見た目ばかり気にするのではなく、内なる自分に注意を向かわせるものだ。定期的なストレッチングは、あなたの見た目も動きも改善してくれる。頭が引き上がり、お腹がへこみ、猫背が解消し、脚が長くなる。しなやかな体になれば自然と優雅になる。見た目のほんとうの美しさは、ウェストのサイズよりむしろ体のバランスと関係があり、筋肉の柔軟性とも大いに関係がある。

ストレッチングの種類

さまざまなストレッチング法があるが、主に次の3つの方法の効果が立証されている。

1. 静的（スタティック）ストレッチング

最も普及しているストレッチング法。体を良好なコンディションに保つことが目的なので、初心者やあまり体を動かさない人に向いている。

静的ストレッチングは、基本的なストレッチングの動きと筋肉の収縮に基づいている。時間をかけてゆっくり行うと、深層筋（姿勢保持筋）を知ることができる。また、全身を動かしながら、自分の柔軟性への意識を高めることができる。

筋肉は曲げる・伸ばす・ねじるポジションで伸ばされる。こうしたストレッチは、拮抗筋（反対の動きをする筋肉。アンタゴニストとも言う）が刺激されないようにゆっくり行わなければならない。心地よくストレッチしたポジションを15-20秒ほど保持し、筋線維をリラックスさせ、伸ばし、筋線維に酸素を送り込む。

2. 動的（ダイナミック）ストレッチング

しばしばアスリートのトレーニングプログラムで採用されるストレッチング法。筋肉と腱の弾力性に作用するのでエネルギーやパワーを高める。一定の速さで振り動かす動作が基本。コントロールしながら、はずみや反動をつけないで、ある方向に脚や腕を振り動かす。主動筋（アゴニスト）が急に収縮することで拮抗筋が伸び、ストレッチされる。

ストレッチングプログラムを組み立てる

→ 初心者向けプログラムなら、5-7種類のストレッチで構成し、各ストレッチ15-20秒を2、3セットにする。

→ 中級者向けプログラムなら、6-8種類のストレッチで構成し、各ストレッチ20-30秒を4、5セットにする。

→ 上級者向けプログラムなら、10-12種類のストレッチで構成し、各ストレッチ20-45秒を5、6セットにする。

3. PNFストレッチング

PNFはProprioceptive Neuromuscular Facilitation（固有受容性神経筋促通法）の略。PNFストレッチング法は再教育療法（リハビリ）で広く使われている。次の4つのステップで行う。

1. 筋肉を少しずつ最大限にストレッチする。
2. アイソメトリック収縮を15-20秒ほど行う（伸ばしたポジションで静止したまま）。
3. 筋肉を5秒ほどリラックスさせる。
4. 同じ筋肉を再び30秒ほどストレッチする。

ストレッチ中の呼吸法

ほんとうに自分の体をもっと意識できるようになりたいなら、呼吸、酸素供給、筋肉のリラクゼーションに取り組まなければならない。ストレッチング中は、ゆっくりとしっかり筋肉を伸ばせるように、最初から最後まで静かに一定のリズムで呼吸しよう。呼吸を規則正しくつづければ、それだけ酸素が送り込まれ、筋肉がリラックスする。

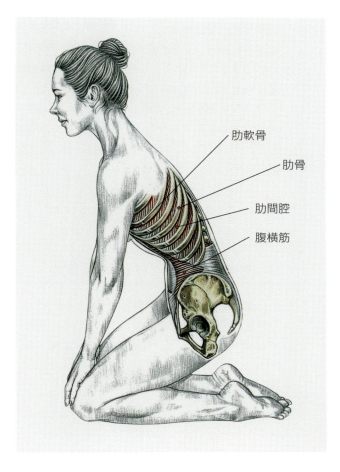

肋軟骨
肋骨
肋間腔
腹横筋

呼吸とリラクゼーション

ストレッチングで得られるリラクゼーションは、筋肉のリラクゼーションだけではない。自分を周囲の状況から切り離すと、内なる自分との対話が始まる。こうして自分に向き合うことで目標が一点に定まる。そう、生命力を集中させて内なる自分を見つけるという目標だ。どんな種類のストレッチングをしようと、呼吸は正常に（つまり、ゆっくりと規則正しく）するということを忘れないでほしい。何よりも大切なのは、ストレッチ中は決して息を止めないということ。呼吸によって筋肉に酸素が供給され、緊張がほぐれるからだ。

呼吸の大切さ

ほとんどの人は呼吸容量をいっぱいまで使い切っていない。2、3回深呼吸するだけで、普段はいかに浅い呼吸しかしていないかわかるだろう。呼吸法を習得し、体に酸素を供給できるようになれば、もっと楽に心をコントロールできるようになり、感情に振り回されなくなる。

「息をするのも忘れる……」という言い回しは、あながち嘘ではない。病気、疲労感、それに恐れや恥ずかしさも多くは深呼吸エクササイズを何回かすれば解消することがあるのだ！ 酸素不足は不眠症やストレスの一因でもある。

吸うと吐く

まず、呼吸を意識することが必要だ。せわしないか、落ち着いているか？ 深いか、浅いか？ 口呼吸か、鼻呼吸か？ 次に、効率的な呼吸をトレーニングしよう。静かに、深く、腹から呼吸する。ストレッチングを学んでいる人によくある誤りは、息を止めたままエクササイズをやってしまうこと。これではやってほしいことの正反対になってしまう。ストレッチの初めに息を吸って筋肉に酸素を送り込んでから、押す、上げる、引っ張るといった動作中は息を吐くようにしたほうがいい。

深く呼吸するが、自然なリズムで

どう呼吸し、体のどの部分で呼吸するか知っていれば、あらゆるストレッチを最適に行える。逆に、でたらめな呼吸ではエクササイズの効果も減ってしまう。どんな種類のストレッチを行っていようと、むらのある呼吸にならないよう注意すること。

呼吸とは

呼吸は、酸素の吸収と二酸化炭素の除去と定義される。生物は気道（鼻、口、咽頭。吸った空気のフィルターとして機能する）と肺を使って呼吸する。運動中は、呼吸数が通常の20倍まで増えることがある。呼吸数を増やして、酸素必要量の増加に対応し、産生される二酸化炭素を排出するためだ。

肺呼吸

肺は、呼吸を担う中心的な器官であり、血液に酸素を供給する。肺では、空気と血液との間でガスが交換される。肺の役目は、生命の維持に必要な全プロセスに十分な酸素を供給し、二酸化炭素などの代謝老廃物を排出することだ。

生物は必要時の機能として呼吸数を調整する。活動が増えるほど、呼吸が速くなる。ストレッチングの場合、呼吸はだんだん増えてから安定する。

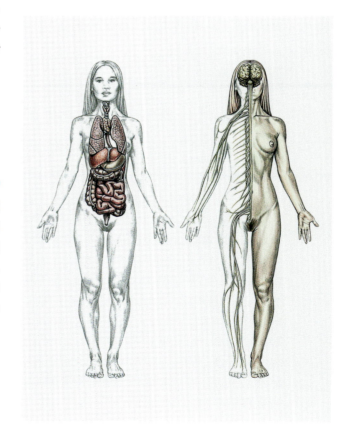

能動呼吸と受動呼吸

肺呼吸は脳の呼吸中枢で制御される。ストレッチング中は、呼吸が増えて筋肉細胞が必要とするエネルギーを供給する。そして、2種類の明確に異なる呼吸、能動呼吸（鼻から息を吸う）と受動呼吸（口から息を吐く）が始まる。

生物は呼吸筋と肺の作用で空気を利用する。吸気は、主に横隔膜（胸郭と腹部を区切る筋肉）が起こす能動的なプロセスだ。肋骨挙筋と肋間筋が収縮し、横隔膜が下がると、胸郭の容積が増える。胸膜で胸郭につながっている肺も同じ動きをする。

通常、息を吸うと0.5リットルの空気が肺に入り、深呼吸すると、その3倍の空気が入る！ 呼気は、肋骨挙筋と肋間筋がゆるむことで起こる受動的な現象だ。横隔膜が元の位置に上がり、肺の容積も元に戻る。

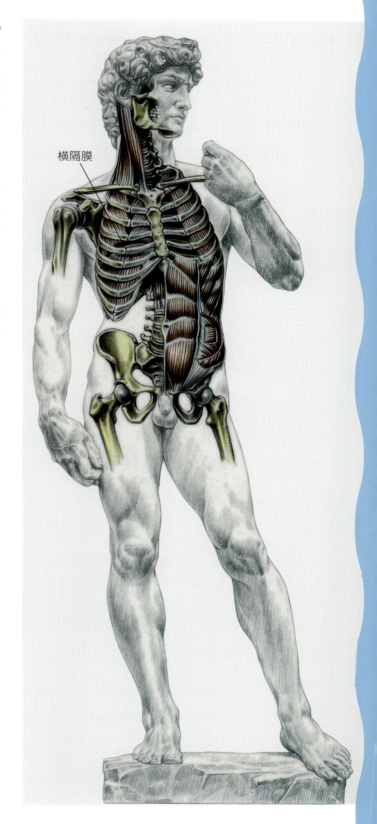

横隔膜

なぜアスリートにストレッチが必要か

ストレッチングは体のコンディションとウェルビーイングを保つ自然な動作と言える。本能的に、朝めざめて真っ先にすることはストレッチだ。このリフレッシュ効果にとどまらず、ストレッチングは運動能力を高めるためのすぐれた方法でもある。もっと言えば、柔軟性は体の健康状態の重要な一面なのだ。

ストレッチングがアスリートにもたらす5つの効果

可動域を維持する、広げる

　スポーツの動きを反復すると、筋肉や腱が硬くなり、可動域が狭くなることがある。ある程度の緊張は、特に筋力を競うスポーツでは必要だが、過度に緊張したり、可動域が狭くなったりすると、ついにはケガやパフォーマンスの質の低下につながる恐れがある。この問題は定期的なストレッチングで予防できる。水泳や体操のような、関節可動域がパフォーマンス向上と対応しているスポーツや身体活動では、定期的なストレッチングで関節可動域を広げることが欠かせない。

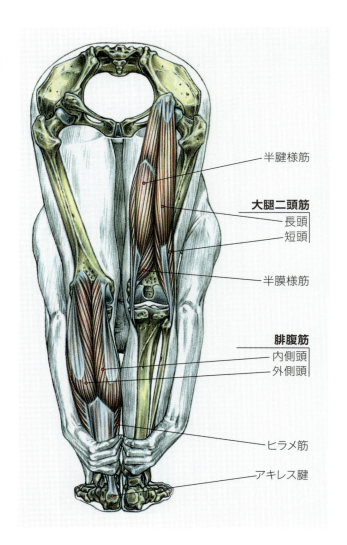

筋緊張(p.10参照)を増進する

ストレッチングは強い信号となって筋肉を強化する。ストレッチングは、筋肉の受動的抵抗の力を利用して筋線維を構成するタンパク質が合成されるスピードを加速する。こうして筋緊張、筋力、筋肉の弾力性が増す。

運動前のウォームアップ

ストレッチングは筋肉、腱、関節のウォームアップになり、体に運動の準備をさせる。

ストレスを軽減する

幸福感をもたらし、酸素を送り込む効果のおかげで、ストレッチングは筋肉を硬くするストレス（競技会の前など）を最小限に抑える。

リラックス、回復、ケガ予防

筋肉運動の大半は、さまざまな関節も背骨も圧迫してしまう。ストレッチングには背中も関節も減圧する効果がある。これがケガを予防し、同時に関節、腱、筋肉の回復を促す。

過度の柔軟性はパフォーマンスを低下させる

アスリートにとって、柔軟性それ自体が目的ではない。柔軟であれば確かに印象的だが、ある点を超えると、過度の柔軟性はパフォーマンスを低下させる。筋肉の緊張と柔軟性の適度なバランスを見つけるほうがいい。このバランスは、ロシアの偉大なウェイトリフティングの達人たちによって次のように定義された。ケガを防ぎ、かつパフォーマンスも妨げないようにするには、自分のスポーツで要求される可動域より少し広い柔軟性をもつ筋肉にすべきだが、関節がやすやすと自由に動く縫いぐるみ人形のようになってパフォーマンスを低下させるほどの過剰な柔軟性は禁物である。

結論：ストレッチングはパフォーマンスレベルを向上させることも、低下させることもある。だから、ストレッチングを適切に活用できるよう慎重にならなければならない。

アスリートがストレッチする4つのタイミング

ウォームアップ中

　ゴムバンドを何秒か引き伸ばすと、バンドが温かくなる。これと同じ理由で、ストレッチングは筋肉や腱のウォームアップになる。ゴムバンドを強く引っ張りすぎると、バンドは伸びきって弱くなる。悪くすれば、切れてしまう。筋肉にも同じことが起こる可能性がある。

　ウォームアップのストレッチングは必ず軽めにしておこう。医学的研究によれば、ウォームアップでストレッチをやりすぎると、筋肉の弾力性が失われ、パフォーマンスが低下する場合があるという。反応が少し悪くなるだけで、筋肉は急に瞬発力を失う。このパフォーマンスの低下がつづくのは数時間だけだが、それでも十分に運動の妨げになる。したがって、ウォームアップ中のストレッチはやりすぎないようにすること。

運動中

　断続的なスポーツ種目なら（たとえば、テニス、ボディビルディング、サッカー、ラグビーなど）、休憩中のストレッチングも可能だ。このときのストレッチングは、プラスになるかマイナスになるか2つに1つ。うまくいけば、回復が促され、正常な筋緊張を速やかに取り戻せる。つまり、パフォーマンスが改善される。最悪の場合、正常な筋緊張がいちだんと失われ、疲労が早まってしまう。

　この両極端な結果は説明がつく。もう予想がつくはずだ。大部分は運動中の筋肉の疲労度によって結果が左右される。運動の開始時にはストレッチングが効果的でも、運動の終盤では逆効果になるということも起こりかねない。その反対の場合もある。ストレッチングのよいところは、プラスの効果であれ、マイナスの効果であれ、すぐに感じられることだ。だから、運動のたびにストレッチしなくてはならないと思わないほうがいい。ストレッチが大好きな人間もいるが、決して誰にでも、いつでもメリットがあるわけではない。

運動直後

　ストレッチするのにベストなタイミング。なにしろ、結果がどうなろうと、一時的にパフォーマンスが低下したとしても困らない。理想的には、使った筋肉はすぐにストレッチしたほうがいい。というのは、そのとき筋肉はまだ実際に温かく、回復する必要があるからだ。ただし、これまで強調してきた法則——柔軟性がありすぎると長期的にはパフォーマンスが低下することもある——を忘れないでほしい。ケガ予防のために適度な可動域を維持するにとどめよう。

運動と運動の間

ストレッチは、次の運動までに回復を促す目的で利用することもできる。ストレッチングには筋肉の再生プロセスを強化する効果がある。

ストレッチングには2つの強みがある。1つは、疲れきってしまうものではないということ、もう1つは、何の器具も必要なく家でできるということだ。

ただし、やりすぎにはご用心！ ある時点を超えると、何セットものストレッチは筋肉の回復を助けるどころか、筋肉をへとへとに疲れさせてしまうこともある。1つの筋群につき15-20秒の静的ストレッチを2-4セットが適量だ。

運動と運動の間に行う場合のもう1つの問題は、冷えている筋肉をストレッチすることになり、危険を伴うことだ。だから、ストレッチの前に少しウォームアップして、少しずつストレッチの時間を長くしていくことを忘れないでほしい。

アスリートはどうストレッチすべきか

スポーツのためのストレッチングには主に2つの方法がある。

静的(スタティック)ストレッチング

ストレッチを10秒-1分保持する方法。ストレッチの度合いは、ごく軽いものから、やや強いものまで目的に応じて幅がある。

メリット：コントロールしながら、少しずつストレッチしていくのでケガしにくい。

デメリット：運動の直前に行うとパフォーマンスが低下しやすい。

動的(ダイナミック)ストレッチング

運動範囲の小さい反復運動を10-20秒行い、多かれ少なかれ強制的に筋肉を引っ張る方法。ストレッチ—リラックスのサイクル（すなわち弾力性）で行い、反射収縮を引き起こすので、プライオメトリックス*に似ている。小さい運動の目的は、特に何もせず自然に伸びるときよりも敢えて筋肉を伸ばすことだ。

*筋肉の収縮とストレッチをすばやく繰り返し行なうことによる筋力増強トレーニング。

メリット：運動直前に行っても、筋肉が断裂しないかぎり、パフォーマンスが低下しにくい。ケガをする恐れがあるので、よくよく気をつけながら行うこと。

デメリット：ケガしやすい。

一般的に言って、筋群ごとに1-3セットのストレッチが適切だ。アスリートのあなたが1つだけやらなければならないのは、スポーツ種目に応じて、自分のニーズに応じて、どの筋肉をストレッチするか決めることだ。第3部(p.127)のさまざまなプログラムを参考にしてほしい。

ストレッチング中の呼吸

呼吸と筋緊張の関係は次のようになる。

→息を止めないと筋肉は最大パワーを発揮できない。

→息を吐くと筋肉は少し弱くなる。

→息を吸っているとき筋肉は最も弱い。

ストレッチ中に息を止めると筋肉が硬くなる。だから、ストレッチしているときは体をリラックスさせ

なければならない。ゆっくり静かに息を吸って、筋肉の抵抗がほぼなくなるようにする。そして、呼吸とストレッチを同調させ、筋肉が最大に伸びたときに息を吐くようにしよう。

両側内転筋の
ストレッチ

片側内転筋の
ストレッチ

片側ストレッチング

四肢のストレッチは、左右同時に行うよりも片側ずつ行ったほうが常に柔軟性が高いことがわかるだろう。

可動域をすぐにでも広げたいアスリートなら、両側ストレッチよりも片側ストレッチをたくさんしたほうがいい。

両側大腿四頭筋のストレッチ

片側大腿四頭筋のストレッチ

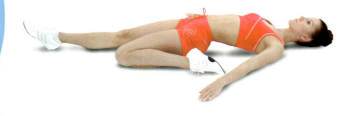

両側ハムストリングの
ストレッチ

片側ハムストリングの
ストレッチ

この生理学的な特性から神経系がストレッチングに果たす役割がわかる。筋や腱の柔軟性だけが可動域を決めると思うかもしれない。しかし、両側ストレッチで柔軟性が低下することから、神経系の防御性阻害は片側ストレッチよりも両側ストレッチのときのほうがずっと早く始まることがわかる。それで可動域が制限されるのだ。

スポーツで生じる問題を予防するストレッチング

スポーツは健康によいとよく言われるが、皮肉なことに、アスリートはこむら返り、筋肉痛(筋硬直)、筋スパズム(痙縮)、肉離れ、もっと深刻な筋膜断裂や筋断裂などの厄介な問題を経験することが少なくない。定期的なストレッチングによって、こうした問題の頻度を下げることができる。

こむら返り

筋肉の不随意的な強縮による。アスリートによく起こる。痛みは数分、時にはわずか数秒で治まる。原因として多いのは水分不足、マグネシウムやナトリウムの欠乏、運動不足、不適切な動き、誤ったポジションだ。

就寝中のこむら返りはマグネシウム、ビタミンB、カルシウムの欠乏と関係があるとされている。アルコールの過剰摂取や糖尿病の合併症によって、動脈がプラーク*で覆われて狭くなる(動脈硬化)ことも一因になる。こむら返りを治すには、痙攣した筋肉をストレッチして直ちに弛緩させる。

*沈着物がたまってできた血管のこぶ。

筋肉痛(筋硬直)

筋肉の拡散痛のこと。同時に複数の筋群に及ぶことが多い。通常、激しく筋肉を使った翌日や翌々日に起こり、3日から1週間以上つづく。運動の前後に定期的にストレッチングを採り入れると筋肉痛の予防になる。ただし、短期的には、逆にストレッチングで筋肉痛になることもある。

> ⚠ **注意！**
> ストレッチに慣れていない筋肉だと筋肉痛になることがある。

新しい運動をすると、腱と筋の接合部がいつもとは違う伸び方をする。これが筋線維にダメージを与え、その結果、筋肉痛になることがある。新しいストレッチングプログラムを始めると筋肉痛になることがあるのはこういうわけだ。しかし、この筋肉痛は将来の筋肉痛に対するワクチンのようなもの。数日後にまたストレッチすると、もうほとんど筋肉痛にならない。人間の体のすばらしい適応力の証明だ。

筋スパズム(痙縮)

筋肉に硬く、痛みのある固まりができることに伴って発生する。こむら返りが始まってすぐに終わるのに対し、スパズムは治るのに何日もかかることがある。筋肉が非常に硬くなり、動かなくなってしまう。筋スパズムは疲労やケガの一症状だ。身体能力が不完全なアスリートが過剰な運動をすると筋スパズムに見舞われる可能性がある。

筋スパズムを予防するためには、問題のある領域を優先的にターゲットにしたストレッチングプログラムにするといい。

肉離れ

深刻な筋肉の問題の第一段階。筋肉があまりにも強く、時に通常の長さを超えて引き伸ばされると起こる。

筋線維は影響を受けないが、結合組織が引き伸ばされる。かなりの激痛であり、それを治すには安静にするしかない。予防にはストレッチングが最良の方法だ。

筋膜断裂

　肉離れ同様、筋膜断裂も結合組織に生じるダメージだ。疲労した、あるいは損傷した筋肉で頑張りつづけると起こる。半年間もスポーツシーズンを棒に振ることになりかねないので、筋膜断裂はハイレベルのアスリートにとって大敵だ。

⚠️ **注意！**
筋肉のリハビリが不十分だったり、完治する前に筋肉を使ったりすると、また断裂が起こり、深刻な問題になる恐れがある。

　肉離れ同様、予防にはストレッチングが最良の方法だ。

筋断裂

　筋肉内部の線維群が広くダメージを受ける。アスリートはこのケガを頑張りすぎの病状と呼ぶ。トレーニングが終わりかけ、筋肉が疲れている感じがするにもかかわらず、自分の限界を超えて、もう少しやりたい。残念ながら、疲れた筋肉はOKしてくれない！

解決策：安静、およびイオン化治療やレーザー治療などの医学的な治療。予防には、ストレッチングと組み合わせた段階的に強度を上げていくボディビルディングプログラムが最も効果的だ。詳しくは、フレデリック・ドラヴィエ著『The Strength Training Anatomy Workout』（Human Kinetics）を参照。

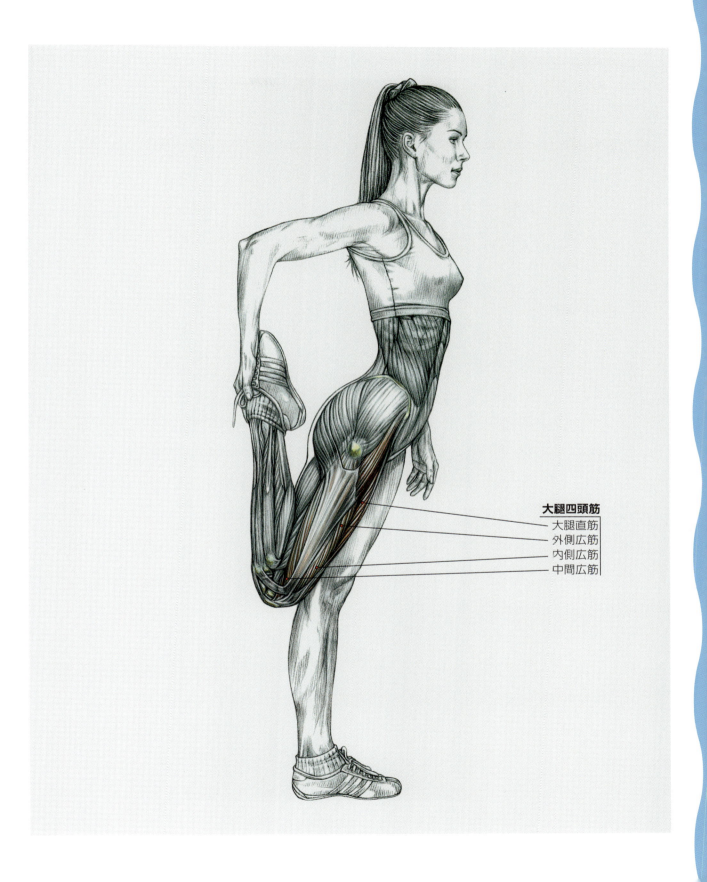

ストレッチの実践

26 | ストレッチの実践

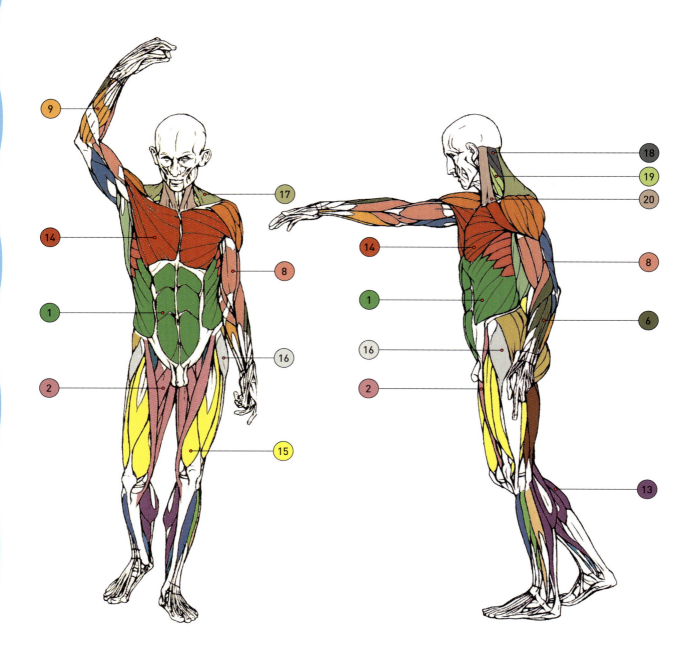

1. 腹筋 p.58
2. 内転筋 p.111
3. 広背筋 p.71
4. 肩 p.34
5. 上腕三頭筋 p.50

6. 手根（手関節）伸筋 p.50
7. 殿部 p.87
8. 上腕二頭筋 p.50
9. 手根（手関節）屈筋 p.50
10. 棘下筋、小円筋 p.35

ストレッチの実践 | 27

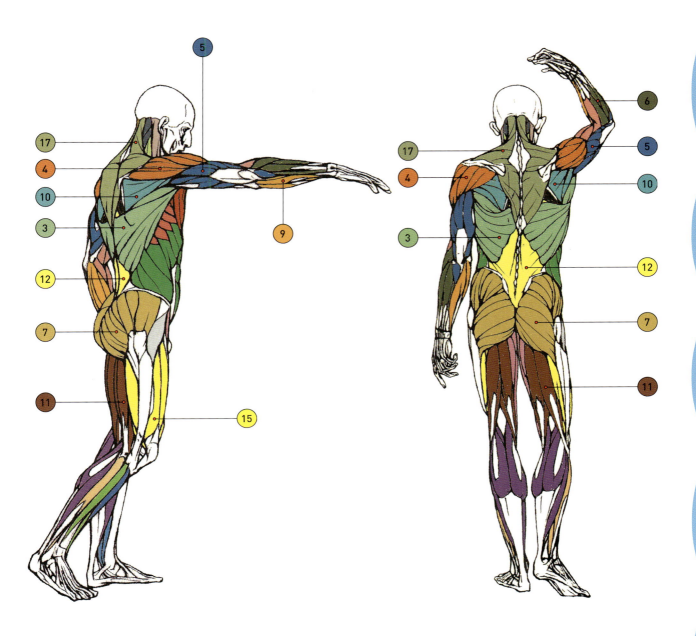

- ⑪ **ハムストリング** p.99
- ⑫ **腰部筋肉** p.71
- ⑬ **ふくらはぎ** p.120
- ⑭ **胸** p.34
- ⑮ **大腿四頭筋** p.92
- ⑯ **股関節** p.81
- ⑰ **僧帽筋** p.28
- ⑱ **首（頭半棘筋）** p.28
- ⑲ **首（頭板状筋）** p.28
- ⑳ **首（胸鎖乳突筋）** p.28

首のストレッチ

首は、昼間だけでなく、夜も酷使されやすい。目覚めたとき首が痛い、寝違えた（斜頸）という経験はないだろうか？　こうしたつらい症状があると動きが著しく制限されてしまうが、ストレッチングプログラムは、首の筋肉をストレッチして強化すると同時に頸椎を軽く減圧することで、その予防になる。

首の筋肉には2つの役割がある。1つは首の柔軟性を確保すること（頭を左右に回す、見上げる・見下ろす）、もう1つは頸椎を損傷から保護することだ（首の柔軟性が高く、頭が重いせいで頸椎は酷使される）。したがって、頸椎を保護する筋肉の強さを維持することが欠かせない。

頸椎を保護するという首の筋肉の役割を支える僧帽筋の上部も無視できない。

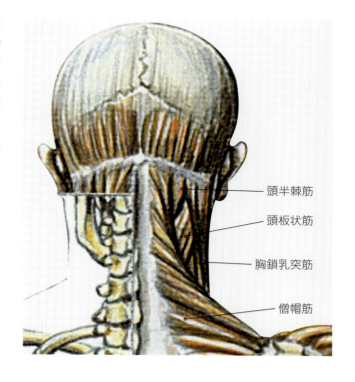

頭半棘筋
頭板状筋
胸鎖乳突筋
僧帽筋

頭板状筋
肩甲挙筋
胸鎖乳突筋
斜角筋
僧帽筋

⚠️ 注意！

頸椎は小さいが可動性が高いので損傷しやすい。ストレッチングの目的は、首の筋肉を強くし、頸椎をできるかぎり完全な状態に保てるようにすることだ。ただし、過剰な、あるいは雑な、あるいは不適切なストレッチングでは、かえって頸椎を痛めかねないことを忘れてはいけない。守ろうとしている頸椎を押しつぶさないように、よくコントロールしながら首をストレッチすること。

首のストレッチ | 29

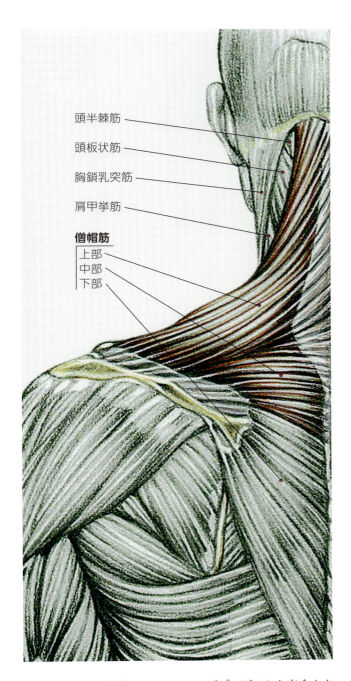

- 頭半棘筋
- 頭板状筋
- 胸鎖乳突筋
- 肩甲挙筋
- **僧帽筋**
  - 上部
  - 中部
  - 下部

　首の筋肉のストレッチングプログラムを完全なものにするには、次の部位の筋肉を動かすエクササイズが含まれていなければならない。

→ 首の側面（回旋筋）

→ 首の後面（伸筋）

→ 首の前面（屈筋）

首の側面

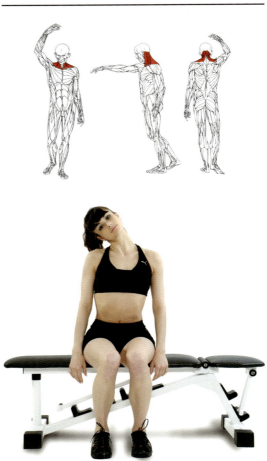

首の側面をストレッチするエクササイズ

　ベンチに座り、足裏全体を床につく。背筋（せすじ）をまっすぐ伸ばし、腕は体側に下げる。殿筋を軽く締めて腰椎を動かさないようにしてから、ゆっくりと頭をできるだけ右に傾ける。時間をかけて息を吸い、ゆっくり息を吐き、エクササイズが終わるまで規則正しく呼吸する。右側のストレッチが終わったら、左側も同様に行う。

上級者向けバージョン

この首のストレッチは前ページのものに似ているが、ストレッチがもっと強くなる。スタートポジションは同じ。しっかりストレッチするために手のひらを反対側の耳に当てる。次に、ゆっくりと手で押して頭をできるだけ肩に近づける。このポジションを何秒か保持する。エクササイズの最後まで息を止めないこと。

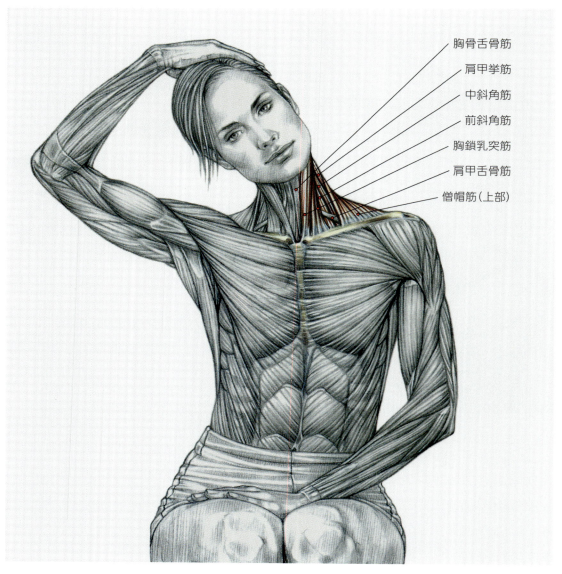

- 胸骨舌骨筋
- 肩甲挙筋
- 中斜角筋
- 前斜角筋
- 胸鎖乳突筋
- 肩甲舌骨筋
- 僧帽筋（上部）

片腕を背中に回すバージョン

脚をやや開いて立ち、背筋をまっすぐ伸ばし、片腕を背中に回す。その手首を反対側の手でつかんでゆっくりと反対側の腕のほうに引っ張り、三角筋と僧帽筋にストレッチを感じるようにする。ストレッチしている肩とは反対側に頭を傾けると、僧帽筋と首の筋肉がもっとストレッチされる。頸椎まわりの複雑なインナーマッスルも、斜角筋と胸鎖乳突筋もストレッチされる。

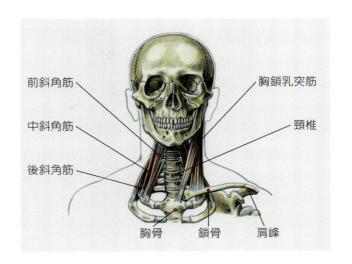

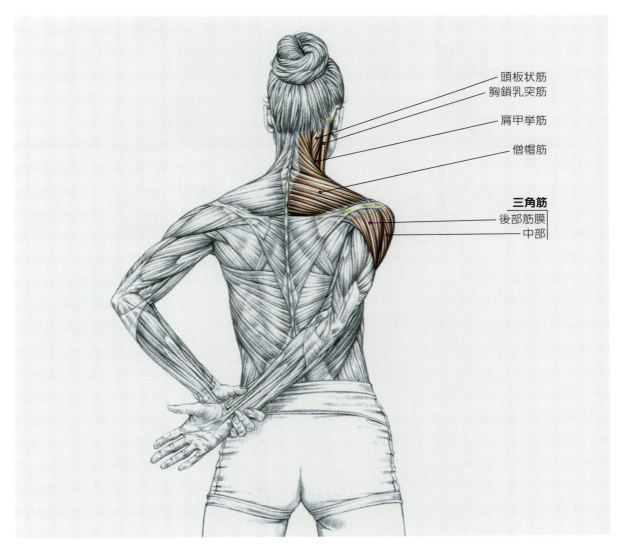

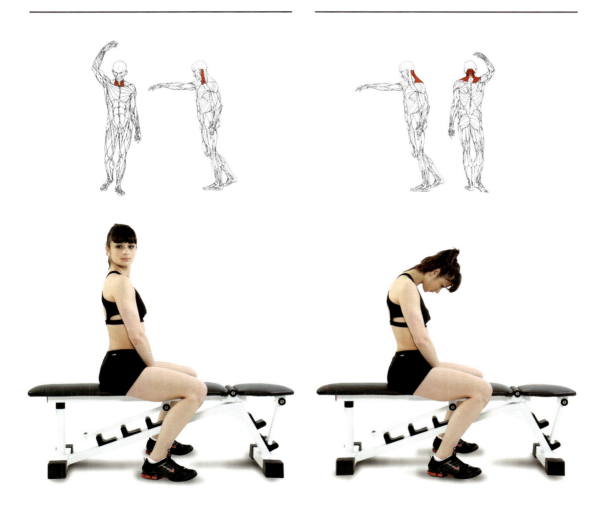

首の側面

首の側面全体をストレッチするエクササイズ
　背筋を伸ばしてベンチにまたがり、膝を曲げて足裏全体を床につき、大腿の内側で両手をベンチにつく。肩を動かさずに頭をゆっくり右に回す。ゆっくりと規則正しく呼吸しながら、このポジションを30秒くらい保持する。左側も同様にストレッチする。

首の後面

首の後面をストレッチするエクササイズ
　ベンチにまたがり、膝を曲げて足裏全体を床について体を安定させ、腰椎を動かさないようにする。大腿の内側で両手をベンチにつく。背筋を伸ばしたまま、頭を前に傾ける。ゆっくりと規則正しく呼吸しながら、このポジションを30秒くらい保持する。

首の前面

首の前面をストレッチするエクササイズ
　背筋を伸ばしてベンチにまたがり、膝を曲げて足裏全体を床について体を安定させる。大腿の内側で両手をベンチにつく。軽く口を閉じたまま、頭をゆっくり後方に傾ける。普通に呼吸しながら、このポジションを15-20秒保持する。

肩と胸のストレッチ

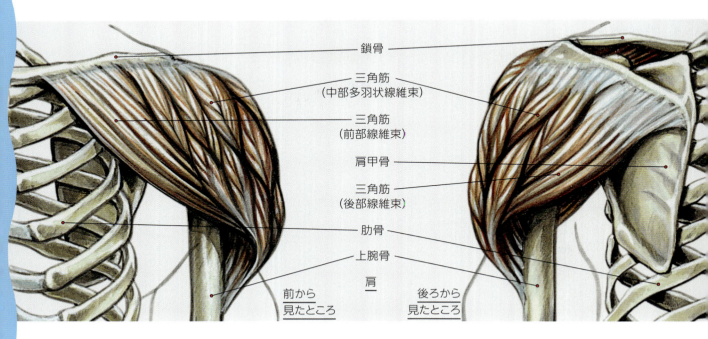

成人の1/3以上が生涯のどこかで肩の痛みを経験する。この痛みは、軽症から重症まで程度の差はあれ、主に回旋筋腱板（ローテーターカフ）の断裂から生じる。アスリートの場合、特に肩の運動を反復する水泳、テニス、投げるスポーツなどの場合、これがもっと頻繁に起こる。

三角筋を酷使すれば肩の安定筋が故障しやすくなるのは当然だ。この肩を保護する4つの筋肉は比較的小さい筋肉なので、なおさら故障しやすい。4つの筋肉のうち、棘下筋が最も酷使され、最も壊れやすい。こういう理由から、ターゲットを絞ったストレッチで棘下筋を引き締めたほうがいい。

肩痛を予防するには棘下筋をストレッチする

棘下筋は、回旋筋腱板（ローテーターカフ）を構成する4つの筋肉の1つだ。回旋筋腱板は、肩関節を包み込んで正常な位置に保つ4組の筋肉だ。これらの筋肉がなければ、肩関節は少し動かしただけでもすぐに脱臼してしまうだろう。

アスリートの肩痛を予防する

肩をたくさん動かさなければならないスポーツでは三角筋に痛みが出やすい。これは、投げるスポーツ（バスケットボール、バレーボール、ハンドボール、砲丸投げ）、格闘技、テニス、マリンスポーツ、水泳、アームレスリング、クライミング、ゴルフ、ボディビルディングで頻発する。この痛みを予防

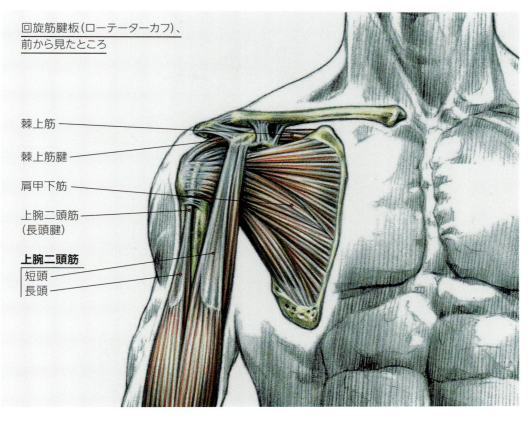

回旋筋腱板(ローテーターカフ)、
前から見たところ

- 棘上筋
- 棘上筋腱
- 肩甲下筋
- 上腕二頭筋（長頭腱）
- **上腕二頭筋**
  - 短頭
  - 長頭

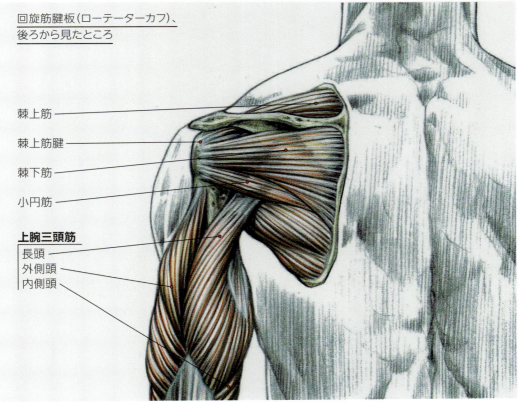

回旋筋腱板(ローテーターカフ)、
後ろから見たところ

- 棘上筋
- 棘上筋腱
- 棘下筋
- 小円筋
- **上腕三頭筋**
  - 長頭
  - 外側頭
  - 内側頭

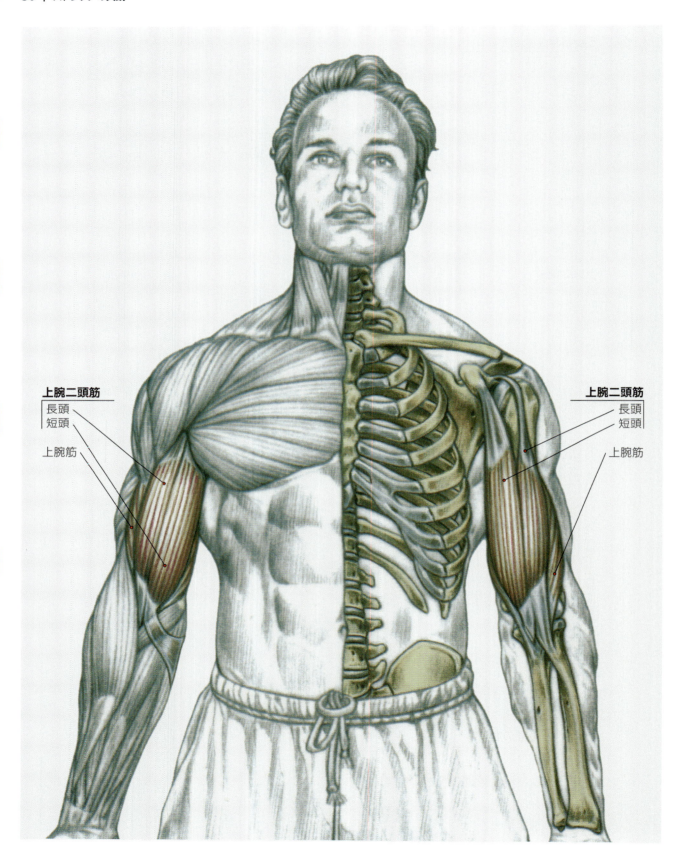

するには、肩関節の安定を維持し、肩の運動を支える筋肉（つまり、肩後面、棘下筋、僧帽筋下部）を引き締める必要がある。

種目に応じた肩の柔軟性を！
水泳のようなスポーツでは、動きを円滑にするために肩がきわめて柔軟であることが求められる。しかし、それ以外のスポーツ、特に筋力を競うスポーツでは、肩にある程度の硬さがないと動きに必要なパワーと剛性（外力に対して変形しにくいこと）が得られない。

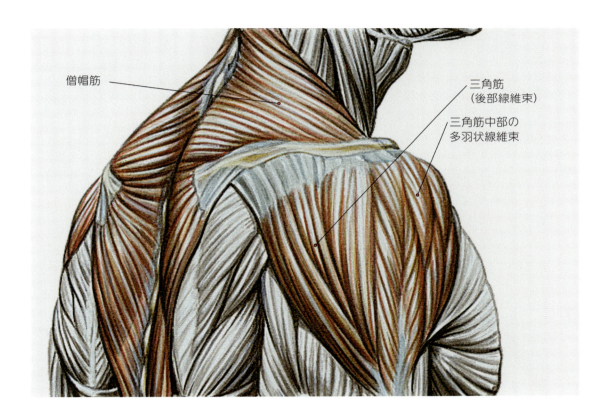

僧帽筋
三角筋（後部線維束）
三角筋中部の多羽状線維束

⚠ 注意！
肩の前面と後面の筋肉、およびそれらの腱は、肩甲上腕関節（腕と肩甲骨の関節）の安定に重要な役割を果たしている。上腕二頭筋長頭の腱は、耐磨耗性が高い分子構造ゆえに、柔軟性が高くなるようにはできていないから、ストレッチをやりすぎると損傷することがある。さらに、肩そのものが柔軟になりすぎると、不意の動きや転倒で脱臼しやすくなる心配もある。

棘下筋を守るには

アスリートなら、棘下筋はウォームアップ中と運動後の2回ストレッチしたほうがいい。

➡ **ウォームアップ中：** 運動するときは毎回2、3種類の軽い棘下筋のストレッチで始めよう。このウォームアップをしておけば、棘下筋が冷えきったまま運動を始めることが避けられる。しかも、この種の定期的なストレッチングをしておけば、ケガ予防のための深部強化になる。

➡ **運動後：** ウォームアップが不十分なとき、あるいは肩が不安定だと感じるなら、もっと重点的なトレーニングが必要だ。ほとんどの人は肩が痛みださないと棘下筋をどうにかしなくてはと痛感しないものだが、後からでも全然そう思わないよりはいい。この場合、運動の最後に棘下筋のストレッチを3-5セットやっておこう。ただし、これをやるからといってウォームアップのストレッチをやらなくていいわけではない。

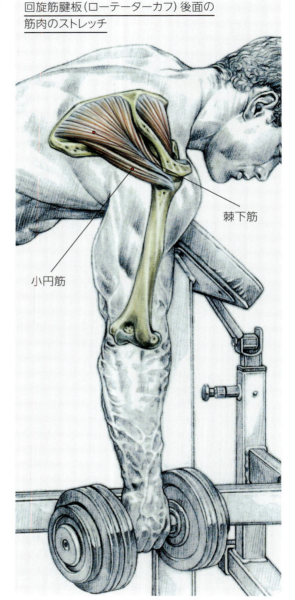

回旋筋腱板（ローテーターカフ）後面の筋肉のストレッチ

棘下筋

小円筋

棘下筋のストレッチ

エクササイズの途中

肩前面と胸

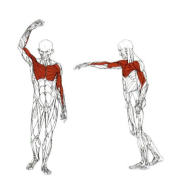

肩前面と胸筋をストレッチするエクササイズ

　ベンチにまたがり、膝を曲げて足裏全体を床につき、背筋を伸ばす。背後で手のひらを合わせて手を組む**1**。ゆっくりとできるだけ高く腕を上げる**2**。無理をしたり、腰椎を反らしたりしないように気をつけること。規則正しく呼吸しながら、このポジションを20秒保持し、力を抜く。

手のひらを後ろに向けるバージョン　　　手のひらを外に向けるバージョン

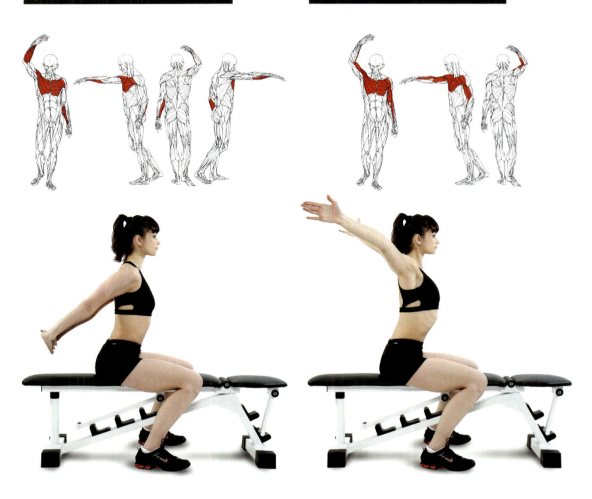

　ベンチにまたがり、膝を曲げて足裏全体を床につき、背筋を伸ばす。背後で手のひらを後ろに向けて手を組む。規則正しく呼吸しながら、このポジションを20秒保持し、力を抜く。このストレッチは、前ページのものとは手のポジションが違う。手のひらが外に向いているので、指の関節もストレッチされる。

　ベンチにまたがり、膝を曲げて足裏全体を床につき、背筋を伸ばす。腕を後ろに伸ばし、手のひらを外に向けて、肩甲骨を寄せ合わせながら肩よりやや上に腕を上げる。ゆっくりと規則正しく呼吸しながら、このポジションを15-20秒保持する。肩をストレッチするエクササイズ。

このバージョンは上のエクササイズと似ているが、手首を内側に回転させている点が異なる。より肩をねらったストレッチになる。

三角筋の前部線維束

主に三角筋をストレッチするエクササイズ

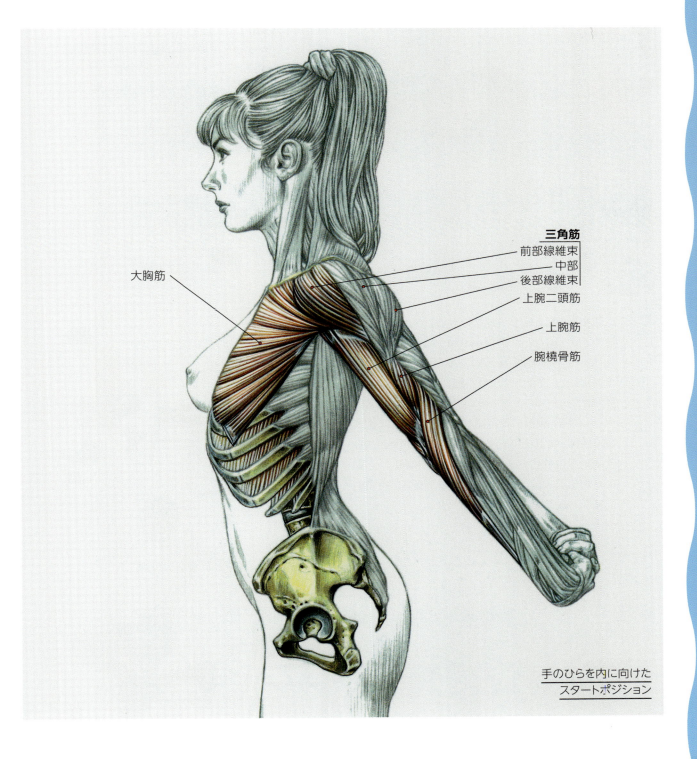

支えを使う上級者向けバージョン

椅子のそばに立ち、背後で手のひらを内に向けて手を組む **1**。椅子の背に手がのるまでしゃがみ、前かがみになりながら、さらにしゃがむ **2**。骨盤を前に動かして、体を前にずらす。骨盤を前に押すほど、ストレッチが強くなる **3**。自分に適した位置が見つかったら、そこで15-20秒静止する。無理せず、ていねいに行い、息を止めないこと。手首を痛めないように椅子の背にタオルをかけてもいい。

膝を伸ばし、足を平行にそろえて立ち、殿部の後ろで手を組む。手のひらは外に向けるか **1** 内に向ける（p.41の図）。上体を前に倒していき、腕は伸ばしたまま肩上に上げる **2**。最後までゆっくり呼吸をつづけること。このポジションを30秒くらい保持したら、腰椎に負担がかからないように、軽く膝を曲げ、背骨をロールアップして上体を起こす。代表的な柔軟性を高めるエクササイズの1つ。主に三角筋がストレッチされるので、肩を後ろに引いた品のある姿勢になれる。

肩と胸のストレッチ | 43

棒を使う上級者向けバージョン

肩後面、僧帽筋、菱形筋

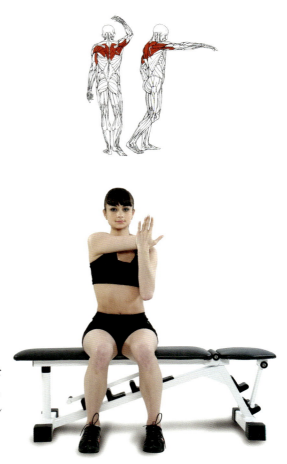

足を離して立ち、頭上で棒の両端を握る。腕を伸ばしたまま、弧を描くように棒を背後に下ろす。ゆっくりと規則正しく呼吸しながら、このポジションを15-20秒保持する。

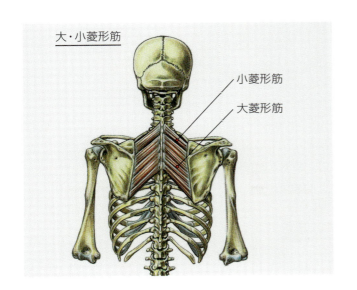

大・小菱形筋
小菱形筋
大菱形筋

肩後面、僧帽筋中部、菱形筋の柔軟性を高めるエクササイズ

背筋を伸ばしてベンチに座り、脚をやや開き、足裏全体を床につく。右腕を曲げて、肩の高さで胸に交差させる。左手で右肘を軽く押しながら、このポジションを30-40秒保持する。ゆっくりと規則正しく呼吸すること。左側も同様にストレッチする。

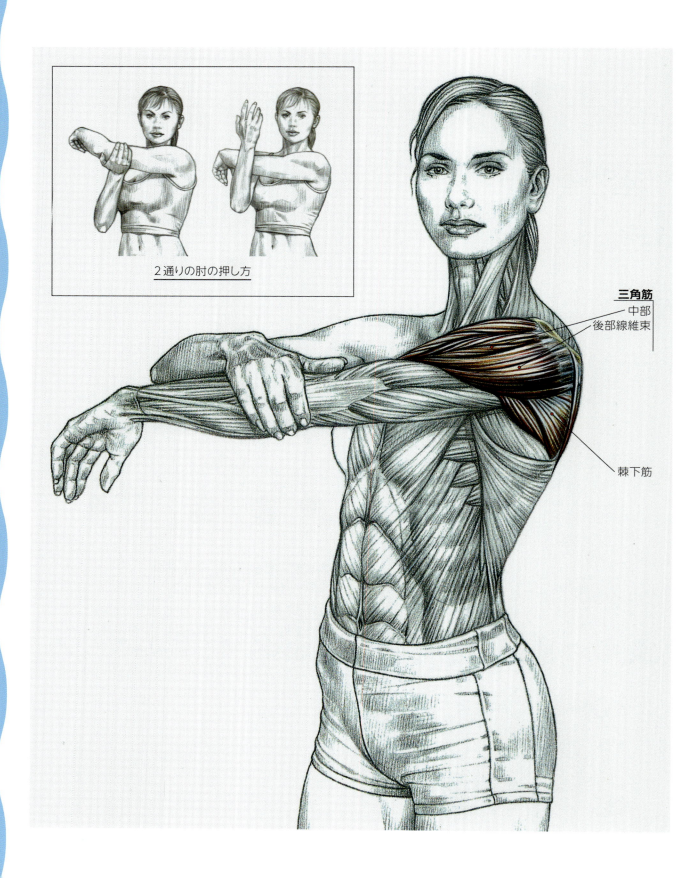

肩と胸のストレッチ | 45

両側バージョン

支えを使うバージョン

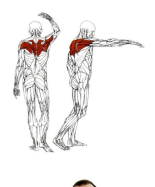

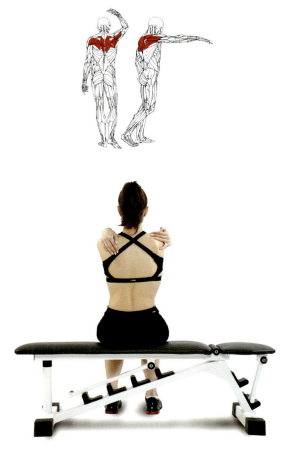

背筋を伸ばしてベンチに座り、足をしっかり床について正しい姿勢を保つ。両手のひらをそれぞれ反対側の肩に置く。肘が水平を保つよう気をつける。両肩を同時に少しずつ引っ張って、十分にストレッチする。ゆっくりと規則正しく呼吸しながら、ストレッチを15-20秒保持する。

背筋を伸ばして立つ。片手を支えに当て、反対側の腕を曲げて肩の高さで胸に交差させる。適度な肩のストレッチを何秒か保持する。ゆっくりと規則正しく呼吸すること。反対側も同様にストレッチする。

肩と上腕三頭筋

上級者向けバージョン

三角筋と上腕三頭筋をストレッチするエクササイズ

　背筋を伸ばしてベンチに座り、脚をやや開き、足裏全体を床につく。写真のように背中で手を組む。このポジションを30-40秒保持し、肩全体を適度にストレッチする。このストレッチをするときは、肩甲骨を寄せ合わせると、上体をまっすぐにしておける。片側をストレッチしたら、手の組み方を逆にして、反対側もストレッチする。

　背筋を伸ばしてベンチに座り、脚をやや開き、足裏全体を床につく。左のエクササイズ同様に背中で手を組む。上になっている腕とは反対側に上体を軽く曲げる。このポジションを30秒くらい保持したら、手の組み方を逆にして、反対側もストレッチする。このバージョンでは肩、上腕三頭筋、腹斜筋、広背筋がストレッチされる。

胸と肩前面

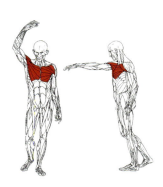

**胸筋全体と肩前面をストレッチする
エクササイズ**

　高さのある支えの横に立ち、支えから近いほうの脚を前に出す。支えから遠いほうの手をウエストに添える。支え側の腕を直角に曲げて肩の高さまで上げる。その腕で軽く支えを押す。ストレッチを20-30秒保持する。規則正しく呼吸すること。反対側も同様にストレッチする。

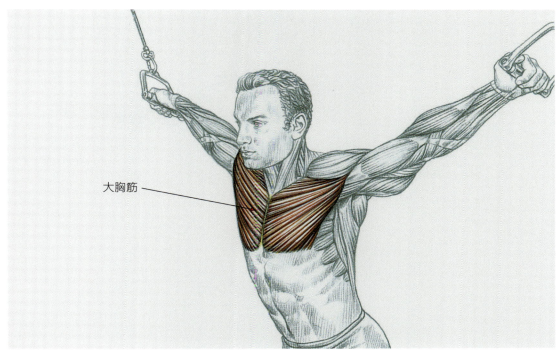

大胸筋

胸

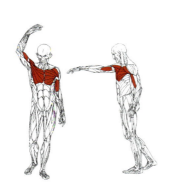

胸筋全体をストレッチするエクササイズ

　高さのある支えの横に立ち、右脚を前に出す。右手をウエストに添え、左手は肩の高さに上げて支えに当てる。左肘はやや曲げたほうがいい。軽く右に体をねじり、頭も右に回す。ゆっくり呼吸しながら、このポジションを30秒くらい保持する。反対側も同様にストレッチする。

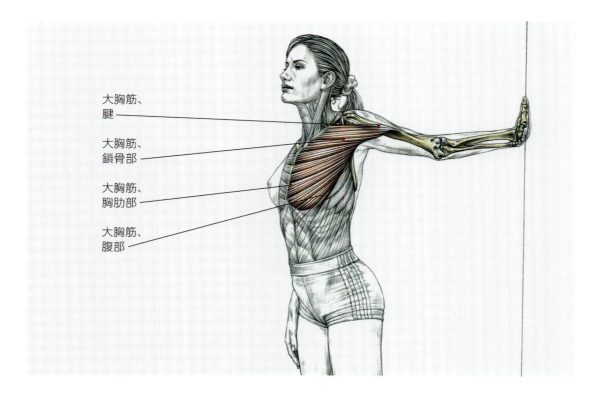

大胸筋、腱
大胸筋、鎖骨部
大胸筋、胸肋部
大胸筋、腹部

肩と胸のストレッチ | 49

腕を伸ばすバージョン

上級者向けバージョン：胸全体を一度にストレッチする

片脚を前に出し、背筋(せすじ)を伸ばして立ち、片手をウエストに添える。反対側の腕を肩の高さに上げ、前腕の内側を支えに押し当てる。胸筋をしっかりストレッチするために、腕で軽く支えを押す。ゆっくり呼吸しながら、このポジションを20-30秒保持したら、反対側も同様にストレッチする。

脚をやや開き、足を平行にそろえ、殿筋と腹筋を引き締めて立つ。後頭部で手を組む。肘を真横に張って胸筋と肩をストレッチする。ゆっくり呼吸しながら、ストレッチを20-30秒保持したら、静かに力を抜く。胸筋と肩をストレッチすると同時に胸郭を広げるエクササイズ。

上腕と前腕のストレッチ

腕の筋肉は、体のなかで最も頻繁に使われる筋肉に入るから、ターゲットを絞ったストレッチで腕の筋肉を引き締めようというのは賢明な策だ。しかも、ストレッチングは肘関節や手関節（手根）の痛み予防にもなる。どちらも比較的痛みの出やすい部位だ。

上腕二頭筋と胸

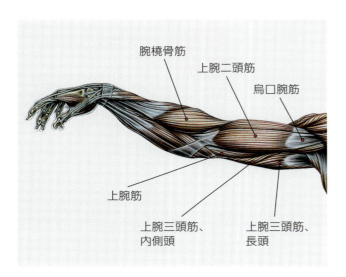

上腕二頭筋と胸筋をストレッチするエクササイズ

支えの横に立ち、左脚を前に出し、背筋を伸ばす。左手をウエストに添える。右腕を肩の高さで横に伸ばし、前腕の外側を支えに押し当てる。胸筋をしっかりストレッチするために、腕で軽く支えを押す。ゆっくりと規則正しく呼吸しながら、ストレッチを30秒保持したら、力を抜く。反対側も同様にストレッチする。

上級者向けバージョン

支えを背にして立ち、片脚を前に出す。片手をウエストに添える。反対側の腕を肩の高さで後ろに伸ばし、手の甲を支えに押し当てる。ゆっくり呼吸しながら、ストレッチを30-40秒保持したら、力を抜く。反対側も同様にストレッチする。

手を回転させる上級者向けバージョン

椅子の横にしゃがみ、片手で椅子の背をつかむ。少しずつ体を回転させて椅子に背を向ける。手首を左右に回転させて上腕二頭筋の両頭をしっかりストレッチする。筋肉が損傷しやすいポジションにあるので、乱雑に動いてはいけない。最後までゆっくりと規則正しく呼吸をつづけること。上腕二頭筋が入念にストレッチされるエクササイズ。

上腕三頭筋

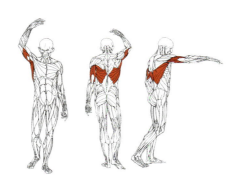

上腕三頭筋をストレッチするエクササイズ

　ベンチに座り、足裏全体を床について体を安定させる。頭の後ろで右腕を曲げ、左手で右肘をつかんで軽く引っ張る ■1。さらに肘を引っ張ってストレッチを強める ■2。適度なストレッチを感じる位置に達したら、ゆっくり、深く、規則正しく呼吸しながら、そこで30-40秒静止する。左側も同様にストレッチする。

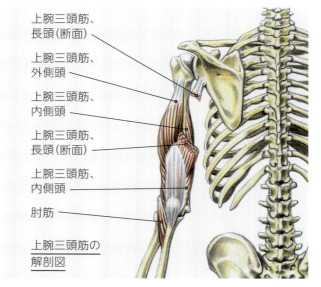

上腕三頭筋、長頭(断面)
上腕三頭筋、外側頭
上腕三頭筋、内側頭
上腕三頭筋、長頭(断面)
上腕三頭筋、内側頭
肘筋

上腕三頭筋の解剖図

上腕と前腕のストレッチ | 53

手首をつかむバージョン

ベンチに座り、足裏全体を床について体を安定させる。頭の後ろで右腕を曲げ、左手で右手首をつかむ。真下に軽く引っ張る。ストレッチを少しずつ強めながら、このポジションを30秒保持する。ゆっくりと規則正しく呼吸すること。左側も同様にストレッチする。

立って行うバージョン

1 背筋をまっすぐ伸ばして立つ。片腕を耳まで上げ、頭上で直角に曲げる。反対側の手で肘をつかみ、腕を頭の後ろに引っ張るように軽くストレッチする。ゆっくり呼吸しながらストレッチを30秒くらい保持する。

2 背中のストレッチを強めるには、肘を曲げて、反対側の手で手首をつかむ。無理はせずに軽く引っ張る。

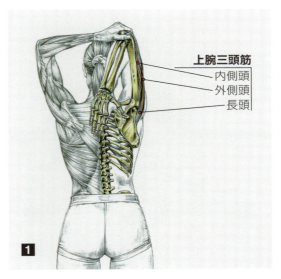

上腕三頭筋
- 内側頭
- 外側頭
- 長頭

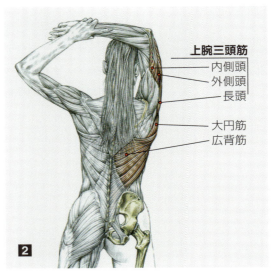

上腕三頭筋
- 内側頭
- 外側頭
- 長頭

大円筋
広背筋

手根（手関節）屈筋

立って指を上に向けて行うバージョン

前腕の下側（手根屈筋）をストレッチするエクササイズ

　ベンチにまたがる。上体をやや前に傾け、足裏全体を床につけておく。指を自分のほうに向けて両手のひら全体をベンチにつけるようにする。ゆっくり呼吸しながら、このポジションを30秒保持する。

　足をやや離して立ち、背筋をまっすぐ伸ばす。片腕を肩の高さで前に伸ばし、指をそろえて上に向ける。反対側の手で指をつかみ、自分のほうに軽く引っ張って前腕の下側全体をストレッチする。前に伸ばした腕の肘を曲げないこと。ゆっくり呼吸しながら、ストレッチを15-20秒保持する。反対側の手首も同様にストレッチする。前腕と手首をストレッチするエクササイズ。

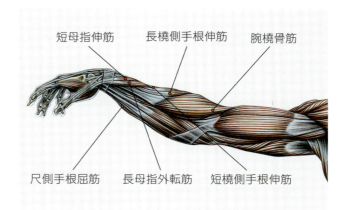

立って指を横に向けて行うバージョン

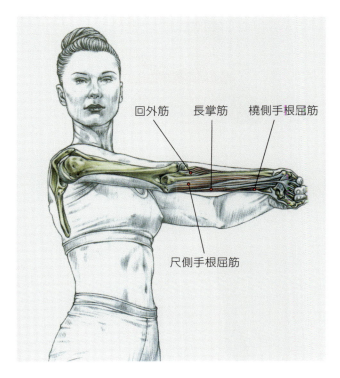

回外筋　長掌筋　橈側手根屈筋

尺側手根屈筋

膝をつくバージョン

　正座する。前かがみになり、指を膝のほうに向けて手のひらを床につく。息を吸って腹筋を収縮させながら手のひらを押す。ゆっくりと規則正しく呼吸しながら、このポジションを20-30保持したら、力を抜く。前腕と手首をストレッチするエクササイズ。

　片腕を肩の高さで前に伸ばし、指をそろえて外側に向ける（手のひらが前を向く）。その手を反対側の手でつかみ、手の甲を自分のほうに軽く引っ張りながら、手のひらは前に押し出す。ゆっくりと規則正しく呼吸しながら、このポジションを30秒保持する。反対側の手首も同様に行って前腕をストレッチする。

両手を合わせるバージョン ▶

　足をやや離して立ち、体を安定させる。胸の高さで指を上に向けて手のひらを合わせ、屈筋をストレッチする。ゆっくりと規則正しく呼吸しながら、ストレッチを30秒保持する。

手根(手関節)伸筋

立って指を下に向けて行うバージョン

脚を肩幅に開いて立ち、体を安定させる。胸の高さで指を下に向けて手のひらを合わせ、伸筋をストレッチする。ゆっくりと規則正しく呼吸しながら、ストレッチを30秒保持する。

前腕の上側(手根伸筋)をストレッチするエクササイズ

ベンチにまたがる。上体を前に傾け、足裏全体を床につけておく。指を自分のほうに向けて、少しずつ両手の甲全体をベンチにつけるようにする。ゆっくりと規則正しく呼吸しながら、ストレッチを30秒保持する。

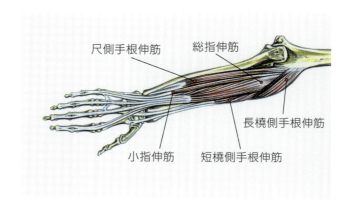

尺側手根伸筋／総指伸筋／長橈側手根伸筋／小指伸筋／短橈側手根伸筋

上腕と前腕のストレッチ | 57

立って指を横に向けて行うバージョン

片腕を肩の高さで前に伸ばし、指をそろえて内側に向ける（手のひらが自分のほうを向く）。その手を反対側の手でつかみ、手のひらを前腕の内側のほうに軽く引っ張る。前に伸ばした腕の肘は曲げないこと。ゆっくりと規則正しく呼吸しながら、ストレッチを20-30秒保持する。反対側の手首も同様にストレッチする。手首の伸筋をストレッチするエクササイズ。

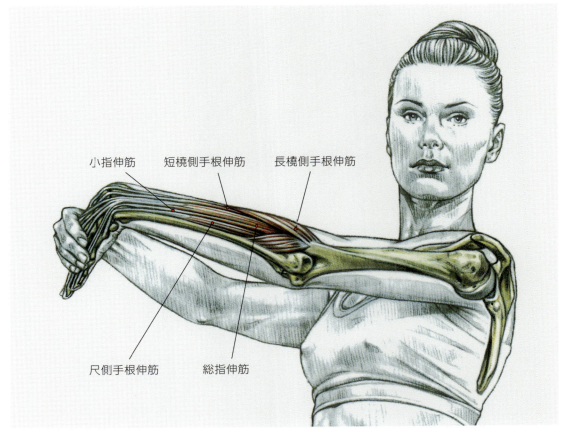

小指伸筋　短橈側手根伸筋　長橈側手根伸筋

尺側手根伸筋　総指伸筋

体幹の側屈筋のストレッチ

　横運動を担う筋肉は、日常生活においてたいへん重要だ。体幹の屈筋は、横運動に加えて、背骨、特に腰椎を支えており、すぐに痛みや筋スパズム（痙縮）が発生しやすく弱い部位である腰部の保護に役立っている。

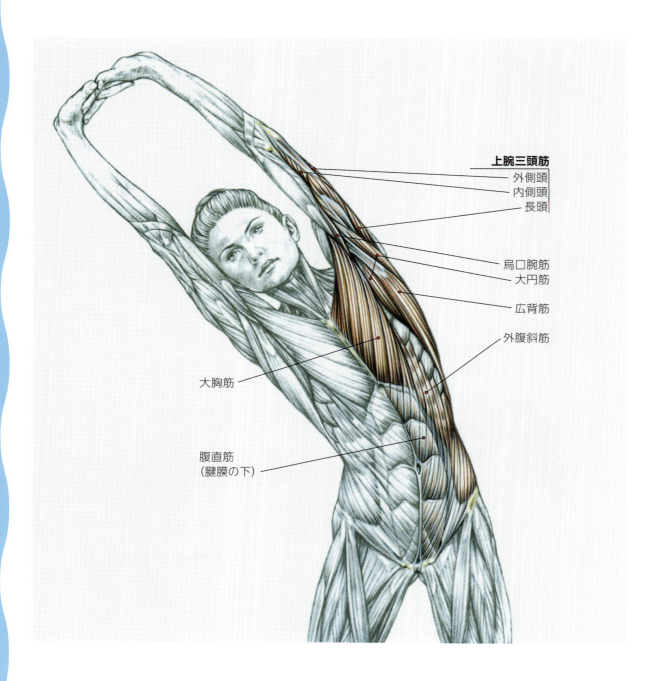

体幹の側屈筋

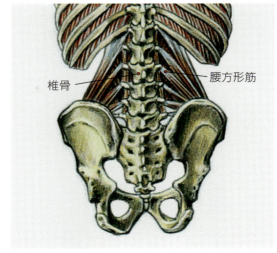

椎骨　腰方形筋

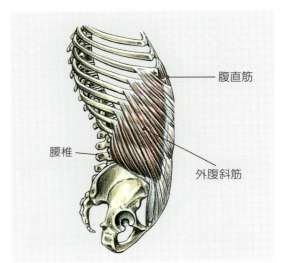

腹直筋
腰椎
外腹斜筋

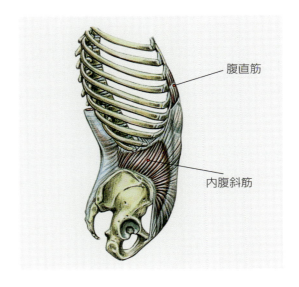

腹直筋
内腹斜筋

ウエストをストレッチするエクササイズ

背筋を伸ばしてベンチに座り、左手をウエストに添える。殿筋を軽く締めて下半身が動かないようにする。肘を曲げて右腕を頭上にもっていく。上体を軽く左に曲げて肩とウエストを十分にストレッチする。規則正しく呼吸することを意識しながら、ストレッチを20秒保持する。右側も同様にストレッチする。

体幹の側屈筋と背中

上級者向けバージョン

ウエストと背中をストレッチするエクササイズ

　背筋をまっすぐ伸ばしてベンチに座り、足裏全体を床につく。両腕を頭上に伸ばして指を組み合わせ、上体を軽く左に曲げて背中全体とウエストをストレッチする。規則正しく呼吸しながら、ストレッチを30秒保持したら、上体を右に曲げて同様にストレッチする。

　背筋を伸ばしてベンチに座り、足裏全体を床につく。片腕を肩ごしに背中に伸ばし、反対側の腕はウエストの後ろから伸ばして、背中で手を組む。上になっている腕とは反対側に上体を曲げる。三角筋を引っ張らないように上腕二頭筋を耳から離さないように注意する。最後まで規則正しく呼吸をつづけること。このストレッチを30秒くらい保持したら、手の組み方を逆にして、反対側もストレッチする。この上級者向けバージョンでは、ウエストと背中に加えて肩もストレッチできる。

体幹の側屈筋のストレッチ | 61

バランスボールを使うバージョン

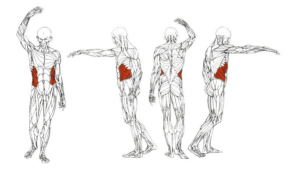

バランスボールを使う上級者向けバージョン

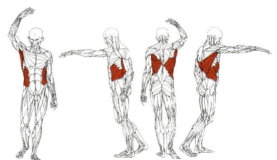

バランスボールの上で横向きに寝て、体の延長線上に両脚を伸ばす。片手を床について体を安定させ、反対側の腕は体側に沿わせる。規則正しく呼吸しながら、このポジションを30秒くらい保持する。反対側も同様にストレッチする。

バランスボールの上で横向きに寝て、体の延長線上に両脚を伸ばす。片手を床について体を安定させ、反対側の腕は頭上に伸ばす。ゆっくりと規則正しく呼吸しながら、このポジションを30秒保持する。反対側も同様にストレッチする。この上級者向けバージョンでは、腹斜筋と腰方形筋のストレッチがいちだんと強くなる。

| 立って腕を伸ばして行うバージョン | 立って両側行うバージョン |

脚を開いて立ち、左手をウエストに添え、右腕は宙に上げる。上体を左右に曲げる。曲げるたびに、ゆっくりと規則正しく呼吸しながら15-20秒保持する。腕を入れ替えて繰り返す。

脚をやや開いて立ち、殿筋をしっかり締めるためにつま先をやや外に向ける。腕を頭上に伸ばして指を組み合わせる（手のひら上）。上体を横に曲げてウエストを適度にストレッチする。15-20秒ストレッチを保持したら、上体を起こしてスタートポジションに戻り、今度は上体を反対側に曲げる。ウエストと背中に加え、前腕の屈筋の柔軟性も高めるエクササイズ。

体幹の回旋筋のストレッチ

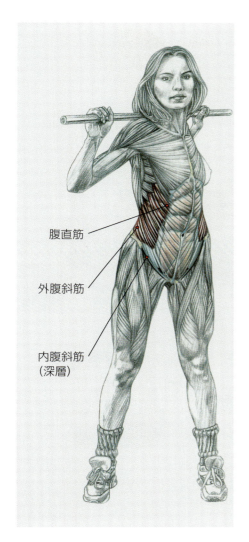

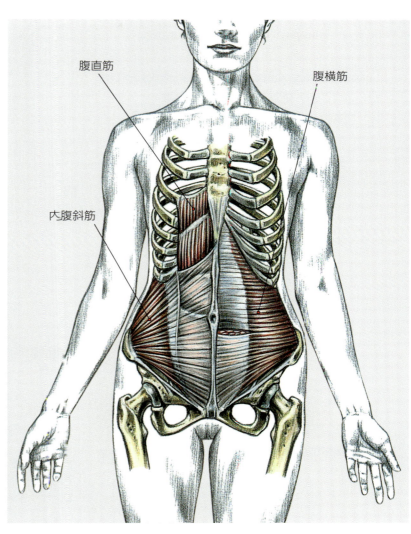

　日常生活でも、体幹の回旋を担う筋肉は確かに役立っているが、体幹の側屈を担う筋肉ほどではない。座ってばかりいる人にとっては、体幹の回旋筋のストレッチングは優先事項ではない。しかし、アスリートとなれば、ほぼ誰にとっても、この回旋筋がパフォーマンスと腰部の保護の両面で特に重要になってくる。アスリートの場合、体幹の回旋筋を入念にストレッチすることが不可欠だ。よいス トレッチングプログラムというのは、次の2つの重要な役割を果たすものと言える。

→可動域を最適な状態にする。
→非対称になった筋肉を対称に整える。

　実際には、体の片側だけを（たいていは同じ側だけを）使って体幹を回旋させることが実に多い。た

とえば、ゴルフでは、スイングするとボールは左にだけ飛ぶ。反対側にスイングしてボールを右に飛ばすことに時間を浪費することはない。こうして筋肉連鎖にアンバランスが生じ、やがて痛みやケガに至ることがある。この誤りに陥らないようにするには、ストレッチングプログラムが役に立つ。

パフォーマンスにとって重要な体幹の回旋

体幹の回旋から動きが始まるスポーツは多々ある。たとえば、ゴルフならば、スイングの力はバックスイングから生じる。ゴルファーはできるだけ高くクラブを振り上げてから、振り下ろしてボールを打つ。ボクサーならば、同じように体幹を後方に回旋させることでパンチを繰り出す。したがって、体幹の回旋筋を引き締めることは、次の3つの目的を果たすうえで重要だ。

→ 筋力をつける。
→ 筋肉連鎖を強化してケガを防ぐ。体幹の回旋筋は比較的もろい部位であり、ケガしやすい。
→ 背中、特に腰部を保護する。

座って行う体幹の回旋筋のストレッチ

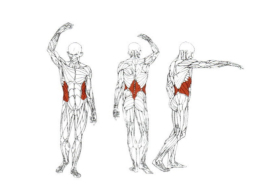

ウエストと下背部（腰部）をストレッチするエクササイズ

　ベンチにまたがり、膝を直角に曲げて足裏全体を床につく。左手を右膝に添え、体を少しねじって右手を殿部の後ろに回し、ベンチの左側につく。顔と視線を後方に向ける **1**。このポジションを20秒くらい保持してウエストと下背部をストレッチする。反対側も同様にストレッチする **2**。

体幹の回旋筋、下背部、ハムストリング　　　　　体幹の回旋筋、下背部、ハムストリング、殿部

ウエスト、下背部、ハムストリングをストレッチするエクササイズ

　ベンチにまたがり、両脚を伸ばして踵を床につく。体の前で左手をベンチにつき、ゆっくり体をねじって右手を殿部の後ろに回し、ベンチの左側につく。顔と視線を後方に向ける。このポジションを30秒くらい保持してウエスト、下背部、大腿の後面をストレッチする。反対側も同様にストレッチする。

ウエスト、下背部と同時にハムストリング、殿部もストレッチするエクササイズ

　ベンチにまたがり、右脚をベンチにのせて前に伸ばす。左脚は膝を直角に曲げて足をしっかり床につく。体を右にねじり、左手を右膝に添える。右腕を体の延長線上で後ろに伸ばしてベンチに手をつく。顔と視線を後方に向ける。規則正しく呼吸することを意識しながら、ストレッチを30秒保持する。反対側も同様にストレッチする。

上級者向けバージョン

前ページのエクササイズと同じポジションだが、手を膝に添えるのではなく、手でつま先をつかむ。もっと体を回旋させるエクササイズになる。

寝て行う体幹の回旋筋のストレッチ

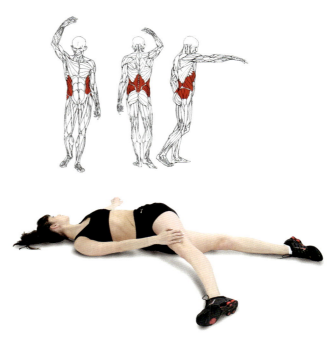

体幹の回旋筋と股関節をストレッチするエクササイズ

仰向けに寝て、両肩を床に押しつけたまま顔だけ左に向ける。右脚を体の延長線上に伸ばし、左腕は真横、つまり体に対して垂直に伸ばす。骨盤をねじって左脚を右に倒していき（脚は伸ばしたまま）、足を床につける。ゆっくりと規則正しく呼吸しながら、左脚を右手で押さえてストレッチを20秒保持する。反対側も同様にストレッチする。

体幹の回旋筋のストレッチ

上級者向けバージョン　　　　最上級者向けバージョン

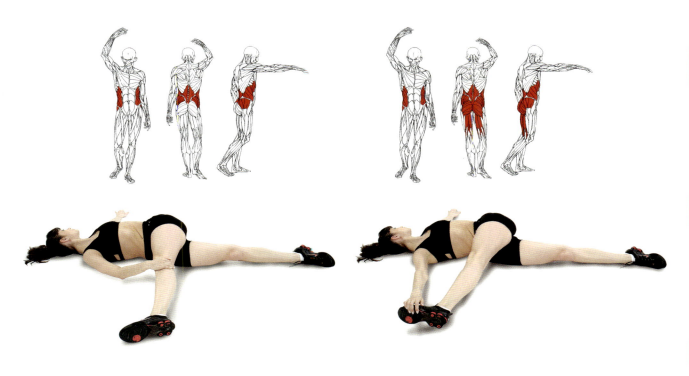

仰向けに寝て、両肩を床に押しつけたまま顔だけ左に向ける。右脚を体の延長線上に伸ばし、左腕は真横、つまり体に対して垂直に伸ばす。骨盤をねじって左脚を右脚に対して直角になるように右に倒していき（脚は伸ばしたまま）、足の側面を床につける。ゆっくりと規則正しく呼吸しながら、左脚を右手で押さえてストレッチを20秒保持する。反対側も同様にストレッチする。

仰向けに寝て、両肩を床に押しつけたまま顔だけ左に向ける。右脚を体の延長線上に伸ばし、左腕は真横、つまり体に対して垂直に伸ばす。骨盤をねじって左脚を右に倒す（脚は伸ばしたまま）。倒した脚をできるだけ頭のほうに近づけ、右手でつま先をつかむ。規則正しく呼吸しながら、ストレッチを15-20秒保持する。反対側も同様にストレッチする。力まかせではなく、ていねいにストレッチすることに特に注意。

両脚を曲げるバージョン

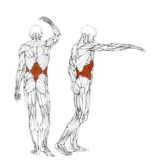

　仰向けに寝て、腕を真横に伸ばし、肩を床に押しつける。脚をぴったり閉じて膝を直角に曲げ、宙に上げる。顔を左に向け、下半身は右にねじって右脚全体を床につける**1**。このポジションを保持し、時間をかけてリラックスしながら深く呼吸する。次は、脚を左に倒し、顔は右に向けて反対側をストレッチする**2**。

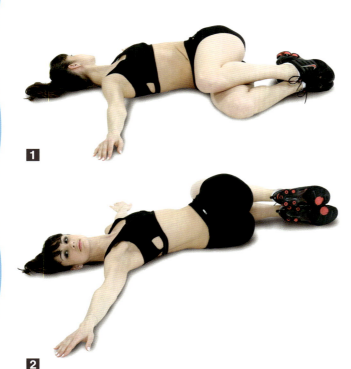

両脚を伸ばすバージョン

　仰向けに寝て、腕を真横に伸ばし、肩を床に押しつける。脚をぴったり閉じて真上に上げる**1**。顔を右に向け、下半身は左にねじって左脚全体を床につける**2**。このポジションを保持し、時間をかけてリラックスしながら深く呼吸する。次は、ぴったり閉じて伸ばした脚を右に倒し、顔は左に向けて反対側をストレッチする。力まかせではなく、ゆっくりと規則正しく呼吸して、筋肉をできるだけリラックスさせることに特に注意。

体幹の回旋筋のストレッチ | 69

スタートポジション

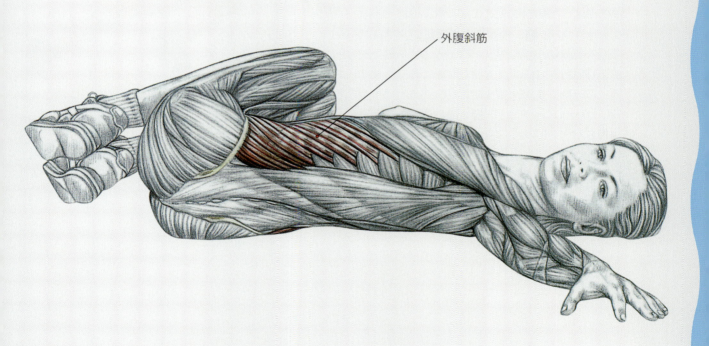

外腹斜筋

体幹の回旋筋と下背部

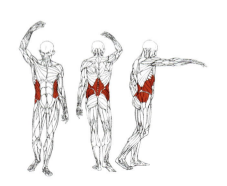

背骨全体をストレッチするエクササイズ

　仰向けに寝て、右脚を体の延長線上に伸ばし、両肩を床に押しつけたまま顔だけ左に向ける。腕は真横に伸ばして手のひらを床に押し当てる。左脚を曲げ、右脚を乗り越えて床に倒し、膝から足までを床につける❶。ゆっくりと規則正しく呼吸して椎骨を解放し、十分にリラックスさせる。ストレッチを20秒保持したら、反対側も同様にストレッチする。パートナーに肩と膝を押さえてもらうと、もう少ししっかりストレッチできる❷。このときパートナーは押さえつけすぎないように気をつけること。

背中をリラックスさせるストレッチ

どんな身体活動も脊柱（背骨）がなければできない。特に下背部（腰部）は最も酷使される部位だ。椎間板が支えなければならない重さのせいで、椎間板の中に含まれている体液（ゼリー状の髄核）が押し出される。要するに、椎間板は、ぎゅっと握ると水がしぼり出されるスポンジのようなものだ。ところが、この体液は衝撃を吸収する役割を果たしているので、背骨の良好な健康状態に欠かせない。この体液が減ることが腰痛の一番の原因になる。

こういうわけで、人は夜になると朝より1、2cm背が低くなる。夜寝ると、背骨にかかる圧力が減り、椎間板は再び体液で満たされる。

腰痛を予防する

夜ずっと体がとてもこわばったままの人もいる。それでは、よく眠れないばかりか、筋肉が休養する暇がないので背骨にかかる圧力も減らない。こういう人は、なかなか治らない腰痛があり、目覚めても疲労感が残る。ストレッチングで得られるリラゼーションは、こういう症状に適している。ストレッチングで椎骨がリラックスし、よく眠れるようになり、腰痛の治りも早くなる。

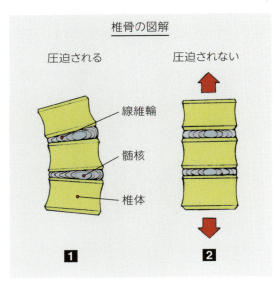

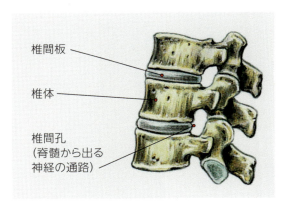

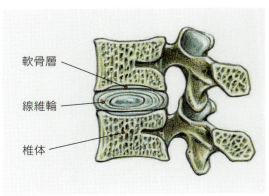

1 激しい運動をしているとき、椎間板が圧迫され、髄核が外側に移動することがある。

2 固定されたバーにぶらさがると、小さい筋肉と椎間靭帯がストレッチされる。椎骨の間が広がって椎間板にかかる圧力が減り、髄核が本来の適切な位置である椎間板の中心に戻ることができる。

脊柱をリラックスさせる

垂直姿勢は脊柱を圧迫するので、腰部の回復を促すには背中のストレッチをぜひともしなければならない。ストレッチングで背中を減圧できるのだ。最も単純なストレッチは、固定されたバーに少なくとも30秒ぶらさがることだ。背骨がのびのびと引き伸ばされるのを感じるはずだ。一方、まだ背骨が圧迫されているような感じなら、腰の筋肉が硬いということだ。腰の筋肉をリラックスさせる必要がある。そのためには、少しずつ床で行うストレッチングを覚えよう。

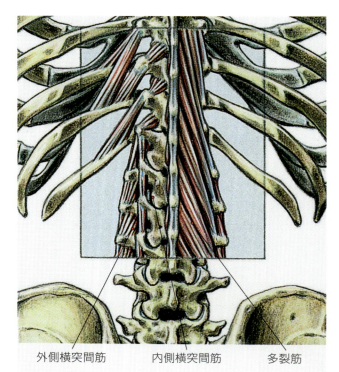

外側横突間筋　内側横突間筋　多裂筋

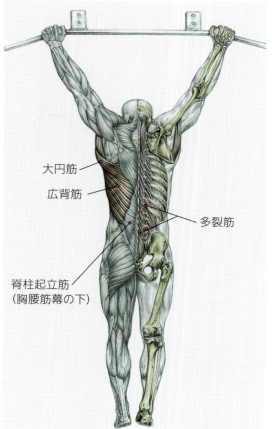

大円筋
広背筋
多裂筋
脊柱起立筋
（胸腰筋幕の下）

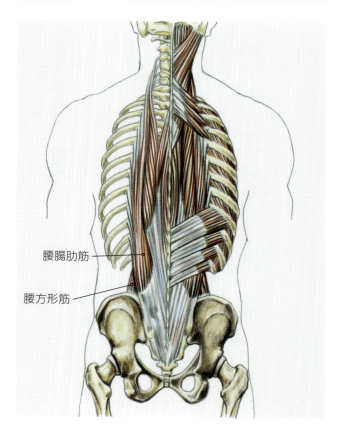

腰腸肋筋
腰方形筋

背筋と腹筋

背筋と腹筋をストレッチし、背骨をリラックスさせるエクササイズ

バランスボールの上で仰向けになり、膝を曲げ、床に足をついて体を安定させる。体の延長線上で腕を頭上に伸ばす。少しずつ殿部を床のほうにずらしながら、腕をできるだけ遠くに伸ばして背筋と腹筋をストレッチする。ゆっくりと規則正しく呼吸しながら、ストレッチを30秒保持する。

手を首の後ろに添えるバージョン

バランスボールの上で仰向けになり、膝を曲げ、床に足をついて体を安定させる。肘を曲げて両手を首の後ろに添え、頭を体の延長線上に保つ。少しずつ殿部を床のほうにずらして背筋と腹筋をストレッチする。ゆっくりと規則正しく呼吸しながら、ストレッチを30秒保持する。

| 床バージョン | 上級者向け床バージョン |

腹ばいになり、腕を前に伸ばす。床に手をしっかりついて体を支え、軽く上体を起こす。頭と上体を一直線にそろえ、規則正しく呼吸しながら、ストレッチを30秒保持する。

前のエクササイズと同じものだが、ストレッチがもっと強くなる。手を体に近づけて上体を起こす（上体と腕の角度がおよそ直角になる）。これは腹筋のストレッチ法としてすぐれている。

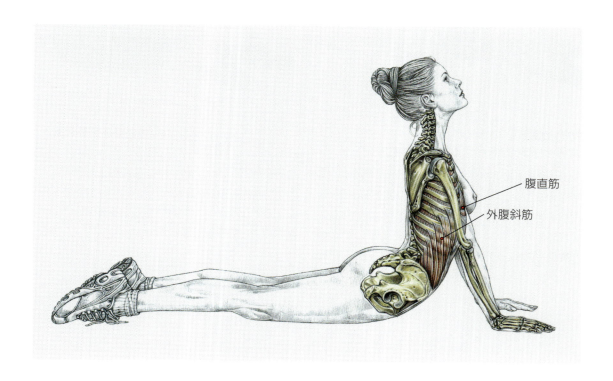

腹直筋
外腹斜筋

腹筋のストレッチは必要か？

フラットなお腹を維持したいなら、腹筋はあまりストレッチしないほうがいい（量もしくは運動範囲の点で）。とはいえ、腰筋と腸骨筋をよくストレッチすることは大切だ。それは、次のエクササイズのように、上体をまっすぐ立ててランジエクササイズをすればできる。

腰筋

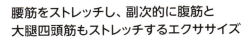

腰筋をストレッチし、副次的に腹筋と大腿四頭筋もストレッチするエクササイズ

　ベンチの前に立ち、左足をベンチにのせてフォワードランジのポジションになる。両手を左膝に置く。背筋(せすじ)をまっすぐ伸ばしたまま、左膝を曲げ、右踵を上げて腰を落とす。規則正しく呼吸しながら、ストレッチを30秒くらい保持する。反対側も同様にストレッチする。

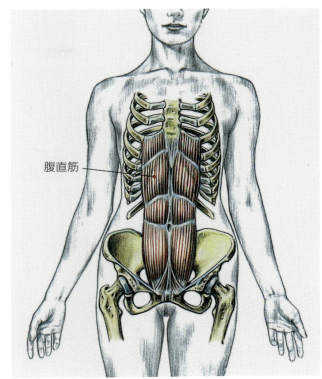

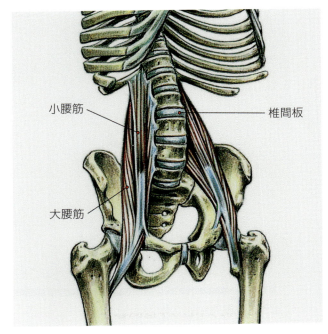

腹筋──背筋のバランス

　腹筋と背中の脊柱起立筋を均等に使うことが重要だ。どちらか一方の筋群を使わなすぎたり、使いすぎたりすると、姿勢が悪くなり、それが別の問題を引き起こすことがある。

　脊柱起立筋の下部（仙腰部）が強すぎ、腹筋が弱すぎると、内臓下垂を伴う脊柱前湾過度になる場合がある❶。この姿勢の問題は、腹筋を強化するエクササイズで軽減できる。逆に、腹筋が強すぎ、脊柱起立筋、特に上背部（胸棘筋、胸最長筋、胸腸肋筋）が弱いと、脊柱後湾（上背部が丸くなる、いわゆる猫背）になり、腰椎のカーブが失われる場合がある❷。この姿勢の問題は、脊柱起立筋を強化するエクササイズで軽減できる。

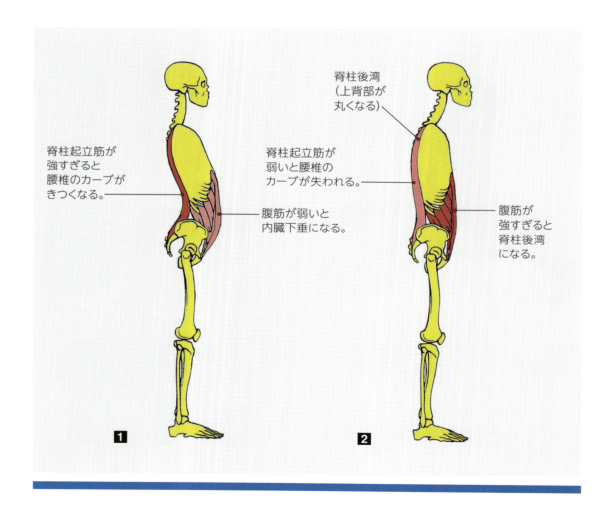

背中をリラックスさせるストレッチ | 77

腰部と広背筋

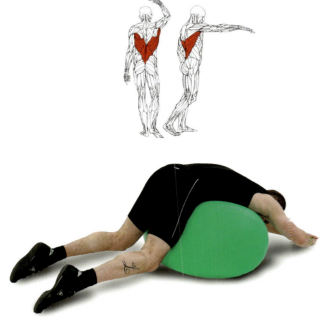

腰部の筋肉と広背筋をストレッチするエクササイズ

バランスボールの上で腹ばいになり、床に膝をつき、腕を前に伸ばして床に手をつく。ストレッチを30秒くらい保持して背中全体をリラックスさせ、肩をストレッチする。ゆっくりと規則正しく呼吸すること。

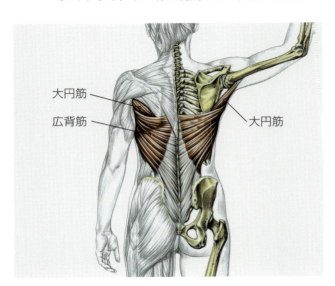

下背部と殿部

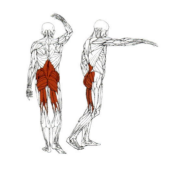

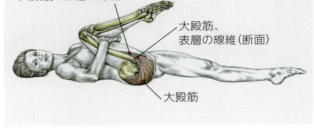

下背部の柔軟性を高め、殿部をストレッチするエクササイズ

仰向けに寝て、背筋を伸ばす。片脚を床に伸ばし、反対側の脚は曲げる。曲げた脚の膝裏に両手を添えて軽く引っ張り、大腿四頭筋を胸に押しつける。ゆっくり呼吸しながら、ストレッチを20‐30秒保持する。脚を入れ替えて同様にストレッチする。

広背筋

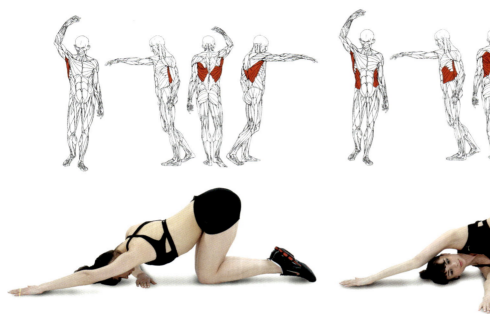

回旋を入れた上級者向けバージョン

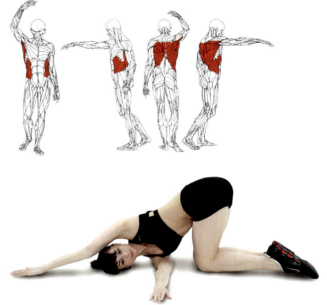

広背筋をストレッチするエクササイズ

膝立ちになって殿部が膝の上にくるようにし、上体を前に倒していく。片腕を体の延長線上で前に伸ばし、反対側の腕は肘を曲げて上腕が床と垂直になるようにし、手のひらを床につける。規則正しく呼吸しながら、ストレッチを少なくとも30秒保持し、広背筋を十分にストレッチする。腕を入れ替えて反対側もストレッチする。

膝立ちになって殿部が膝の上にくるようにし、上体を前に倒していく。片腕を体の延長線上で前に伸ばし、反対側の腕は肘を曲げて上腕が床と垂直になるようにする。上体をひねって曲げた腕を伸ばした腕にくぐらせるようにできるだけ遠くにストレッチする。規則正しく呼吸しながら、ストレッチを15-20秒保持する。体幹の回旋筋もストレッチできるエクササイズ。腕を入れ替えて反対側もストレッチする。

背中をリラックスさせるストレッチ | 79

立って行うバージョン

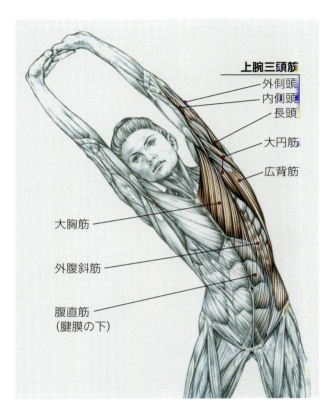

脚をやや開いて立ち、腕を天井のほうに伸ばす。指を組み合わせ、頭と腕を上体と一直線にそろえたまま、上体を片側に曲げる。ゆっくりと規則正しく呼吸しながら、ストレッチを30秒保持する。起き上がって戻り、反対側に曲げる。

座って行うバージョン

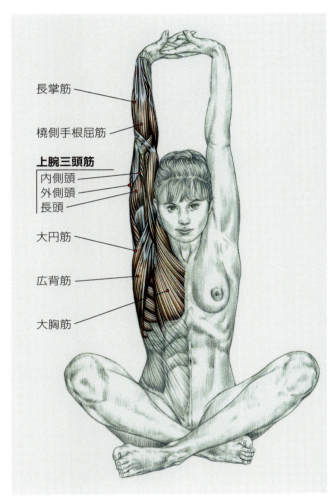

あぐらをかいて座る。背筋をまっすぐ伸ばし、腕を頭上に伸ばす。指を組み合わせて手をひっくり返し、手のひらを天井に向ける。手を天井のほうに押し上げる。規則正しく呼吸しながら、ストレッチを30秒保持する。

立って行う回旋を入れたバージョン

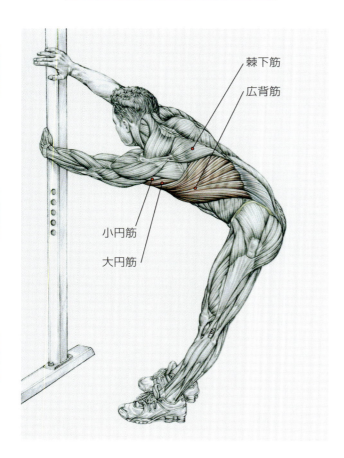

棘下筋
広背筋
小円筋
大円筋

固定された垂直の支柱の前にやや脚を開いて立つ。前かがみになり、肩の高さで支柱を片手でつかむ。腕は伸ばしておくこと。それより高い位置で反対側の手を支柱に置く。やはり腕は伸ばしておくこと。ゆっくり、少しずつ力を込めて上の手で支柱を押し、同時に下の手で支柱を引っ張る。ゆっくり呼吸しながら、ストレッチを15-20秒保持する。力を抜いて腕を入れ替え、同様にストレッチする。

背中、僧帽筋、ハムストリング

背中と僧帽筋をストレッチし、伸ばした脚のハムストリングの柔軟性を高めるエクササイズ

ベンチに座り、左脚を曲げて足裏全体を床につく。右脚は伸ばして、やはり足裏全体を床につく。前かがみになり、やや体をひねりながら伸ばした右脚の外側に左手を添える。ゆっくりと規則正しく呼吸しながら、このポジションを15-20秒保持して背中全体をしっかりストレッチする。反対側も同様にストレッチする。

股関節のストレッチ

重要な股関節の柔軟性

股関節の回旋筋は、正常な腰椎のカーブを維持するために重要な役割を果たしている。これらの筋肉の柔軟性が不十分だと、その硬さのせいで下背部（腰部）が引っ張られ、下背部の自然なカーブが失われる。こうなると腰椎の椎間板に直立時にかかる圧力にきわめて弱くなる。アスリートの場合、この現象は走ると悪化する。歩くだけで悪化することさえある。

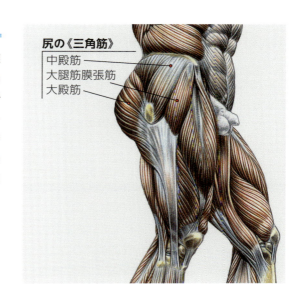

尻の《三角筋》
中殿筋
大腿筋膜張筋
大殿筋

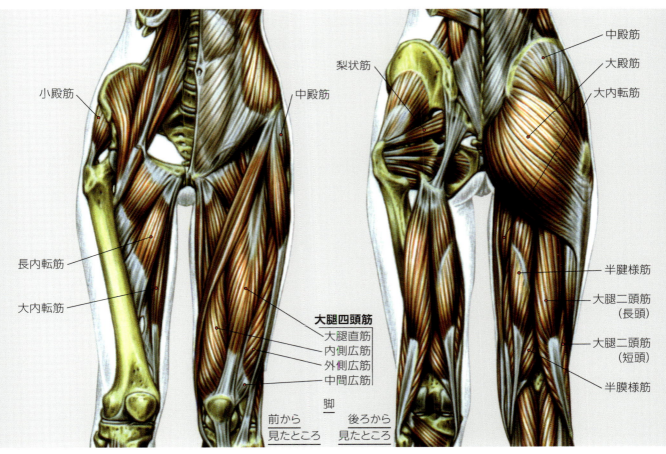

小殿筋
中殿筋
梨状筋
大殿筋
大内転筋
長内転筋
大内転筋
大腿四頭筋
　大腿直筋
　内側広筋
　外側広筋
　中間広筋
半腱様筋
大腿二頭筋（長頭）
大腿二頭筋（短頭）
半膜様筋

脚
前から見たところ　後ろから見たところ

ゴルフなど、股関節の回旋が必要なスポーツでは、股関節の回旋筋が硬いと正しい動きができなくなる。したがって、アスリートならば股関節の回旋筋の柔軟性にはとりわけ注意を払わなければならない。悩まされている人がたいへん多い腰痛を予防したい人にも同じことが言える。

股関節の回旋筋のための適切なストレッチは、サッカー、武道、ゴルフなど股関節をよく使うスポーツで特に重要だが、これらの筋肉は無視されてしまうことがあまりにも多い。

メモ

紹介するエクササイズはすべて、左側も右側もストレッチして柔軟性を改善することがとても大切だ。左右の股関節の柔軟性が自然に均等であることのほうが稀なくらいだ。回旋筋の硬さが高じると、腰部にも影響が及び、いっそう腰を痛めやすくなってしまう。

床で行う股関節のストレッチ

殿部と腰筋をストレッチするエクササイズ

床に座り、片脚を曲げて体重をかける。反対側の脚は体の延長線上で後ろに伸ばす。手のひらを床に押し当て、前かがみになる。ゆっくりと規則正しく呼吸しながら、このポジションを30秒くらい保持する。反対側も同様にストレッチする。

股関節のストレッチ | 83

上級者向けバージョン

床に座り、片脚を曲げて体重をかける。反対側の脚は体の延長線上で後ろに伸ばす。頭が床につくまで上体を前に倒す。このとき頭は交差させた前腕にのせる。ゆっくりと規則正しく呼吸しながら、このポジションを30秒くらい保持する。反対側も同様にストレッチする。殿部、腰筋、背筋をストレッチするエクササイズ。

ベンチで行う股関節のストレッチ

殿部をストレッチするエクササイズ

ベンチに片尻で座り、同側の脚を体の前で曲げてベンチにのせる。反対側の脚は後ろに伸ばす。前かがみになり、体の前で手のひらをベンチにつく。腕はほぼ伸ばしておく。規則正しく呼吸することに気をつけながら、このポジションを20-30秒保持する。脚を入れ替えて同様にストレッチする。

上級者向けバージョン　　**最上級者向けバージョン**

前から見たところ

後ろから見たところ

　ベンチに片尻で座り、同側の脚を体の前で曲げてベンチにのせる。反対側の脚は後ろに伸ばし、つま先を床につく。上体を前に倒す。腕を曲げて、体の前で肘から先をベンチにつける。ゆっくり呼吸しながら、ストレッチを20-30秒保持する。脚を入れ替えて同様にストレッチする。殿部と腰筋をストレッチするエクササイズ。

　ベンチに片尻で座り、同側の脚を体の前で曲げてベンチにのせる。反対側の脚は後ろに伸ばす。頭がベンチにつくまで上体を前に倒し、腕を曲げて、頭の前で手のひらをベンチにつける。ストレッチを20-30秒保持する。脚を入れ替えて同様にストレッチする。殿部と梨状筋をさらにしっかりストレッチするエクササイズ。背中のストレッチにもなる。

座って行う股関節のストレッチ

股関節と殿部をストレッチするエクササイズ

ベンチに座り、右脚を左尻の下で折り曲げる。左脚は膝を曲げて足裏全体を床につく。前腕を交差させて左膝に置く。頭と体を一直線にそろえたまま前かがみになる。ストレッチを20-30秒保持する。脚を入れ替えて同様にストレッチする。

上級者向けバージョン

ベンチに座り、左脚を右尻の下で折り曲げる。右脚は膝を曲げて足裏全体を床につく。右脚に沿って前かがみになり、頭も前に傾けて背中と殿部をしっかりストレッチする。このポジションを20-30秒保持する。脚を入れ替えて同様にストレッチする。

サイドツイストを入れた上級者向けバージョン

ベンチに座り、左脚を右尻の下で折り曲げる。右脚は膝を曲げて足裏全体を床につく。体を右にひねって前かがみになる。このポジションを20-30秒保持する。脚を入れ替えて同様にストレッチする。殿部、背中、ウエストをストレッチするエクササイズ。

86 | ストレッチの実践

床バージョン

もっと強いストレッチの床バージョン

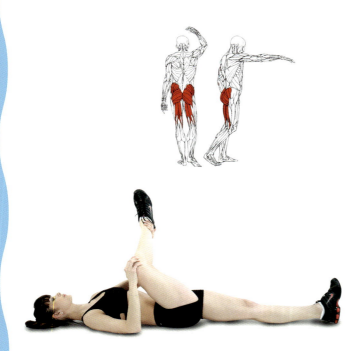

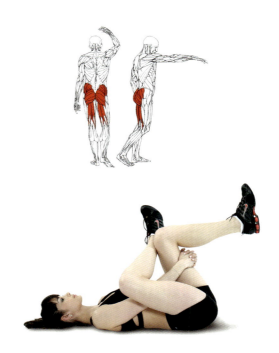

仰向けに寝て、体の延長線上に片脚を伸ばす。反対側の脚を床に対して垂直に上げる。上げた脚の膝と足首を持って胸に引き寄せ30秒保持する。ゆっくりと規則正しく呼吸すること。反対側も同様にストレッチする。股関節と殿部はもちろんハムストリングもストレッチするエクササイズ。

仰向けに寝る。左膝を立てて、その上に右足首をのせる。左の大腿を両手でつかみ、胸に引き寄せる。ゆっくりと規則正しく呼吸しながら、ストレッチを30秒保持する。反対側も同様にストレッチする。

殿部のストレッチ

殿部は、日常生活ではあまり使われない筋肉だ。動かさないからこそ、たるみ、そして見苦しい脂肪の層で覆われがちという二重苦になる。ストレッチングは、この二重苦を解消する格好の方法だ。丸みのある、引き締まったヒップを手に入れるには、これから紹介するエクササイズをストレッチングプログラムの重点項目にしよう。

座って行う殿部のストレッチ

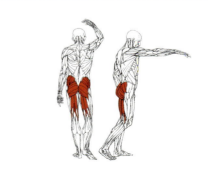

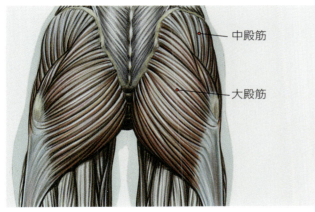

中殿筋
大殿筋

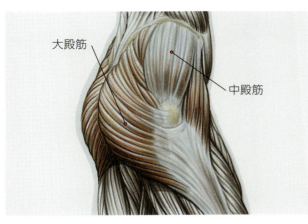

大殿筋
中殿筋

殿部とハムストリングをストレッチするエクササイズ

床に座り、片脚を前に伸ばす。足はポイントにしておく（つま先を脚の延長線上に伸ばす）。反対側の脚を曲げてつま先を床につく。すねに両手を添えて、脚をできるだけ胸に引き寄せる。ストレッチを20-40秒保持する。脚を入れ替えて同様にストレッチする。

メモ

本書では、ほかにもハムストリングや内転筋と一緒に殿部をストレッチするエクササイズを紹介する。p.99～の「ハムストリングのストレッチ」とp.111～の「内転筋のストレッチ」を参照。

回旋を入れた上級者向けバージョン

　背筋を伸ばして床に座る。右手を後ろについて、手と殿部で体を支える。左脚を前に伸ばす。右脚を曲げ、左脚をまたいで床に足をつく。左腕を前に伸ばす。このとき肘は立てた膝の右側に添え、手で伸ばした脚に触れる。規則正しく呼吸しながら、ストレッチを30秒保持する。反対側も同様にストレッチする。殿部と股関節の回旋筋を柔軟にするエクササイズ。

大殿筋

寝て行う殿部のストレッチ

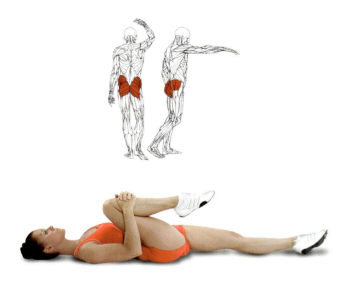

殿部と腰筋をストレッチするエクササイズ。腰痛緩和にも効果的なストレッチ

仰向けに寝る。片脚を曲げ、両手で膝をかかえて腹部に引き寄せる。頭と体を一直線にそろえたまま、膝をできるだけ胸に近づける。最後までゆっくりと規則正しく呼吸しながら、このポジションを30秒保持する。反対側も同様にストレッチする。

立って行う殿部のストレッチ

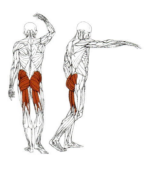

殿部とハムストリングの柔軟性を高めるエクササイズ。転倒予防にとても重要なバランスも改善する

背筋（せすじ）をまっすぐ伸ばして立ち、片脚を曲げて上げる。足をポイントにして（つま先を脚の延長線上に伸ばす）膝をできるだけ胸に引き寄せる。両手で膝をかかえて、このポジションを30秒保持する。ストレッチ中はゆっくりと規則正しく呼吸すること。反対側も同様にストレッチする。

ベンチを使う殿部のストレッチ

上級者向けバージョン

背筋をまっすぐ伸ばしてベンチ(またはステップ)の前に立つ。片足をベンチにのせてフォワードランジのポジションになる。前の膝に両手を置いて膝を曲げ、後ろの脚の踵を上げて腰を落とす。必ず上体をまっすぐにしておくこと。規則正しく呼吸しながら、このポジションで30秒くらい静止する。反対側も同様にストレッチする。前の大腿がストレッチされるほど、後ろの脚を深く曲げることになる。

殿部、大腿四頭筋、ハムストリング、腹筋をストレッチし、股関節の屈筋の柔軟性を高め、バランスも改善するエクササイズ

　ベンチ(またはステップ)の前に立ち、片足をベンチにのせてフォワードランジのポジションになる。ランジ(スタンス)を大きくするほど、ストレッチ感が増す。左右の大腿が同時にストレッチされるように後ろの脚をまっすぐ伸ばすこと。ゆっくりと規則正しく呼吸しながら、ストレッチを30秒保持する。反対側も同様にストレッチする。

殿部のストレッチ | 91

両足を床につくバージョン

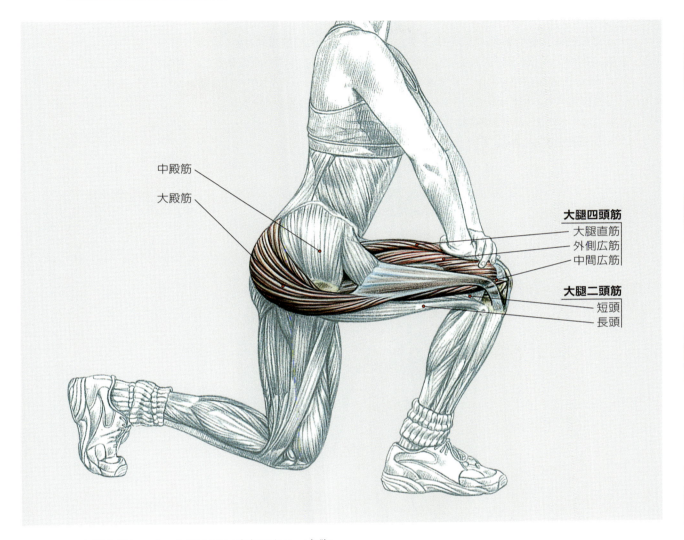

　左膝を床につき、大腿を床と垂直にする。右脚は足裏全体を床について体を支える。右大腿が床と平行になる。手を重ねて右膝に置く。ゆっくりと規則正しく呼吸しながら、このポジションを30秒くらい保持する。脚を入れ替えて同様にストレッチする。

大腿四頭筋のストレッチ

定期的に大腿四頭筋のトレーニングをすれば、魅力的な太ももを手に入れることは可能だ。ストレッチは大腿四頭筋を長くし、引き締めてくれる。

ほぼすべてのスポーツで、パフォーマンスを上げるには引き締まった大腿四頭筋が要求される。どんな運動をするときも、その前に大腿のストレッチで大腿四頭筋と膝を念入りにウォームアップしておくことがきわめて重要だ。運動後ならば、大腿のストレッチをしておけば回復が早まり、筋肉痛（筋硬直）が軽くなる。

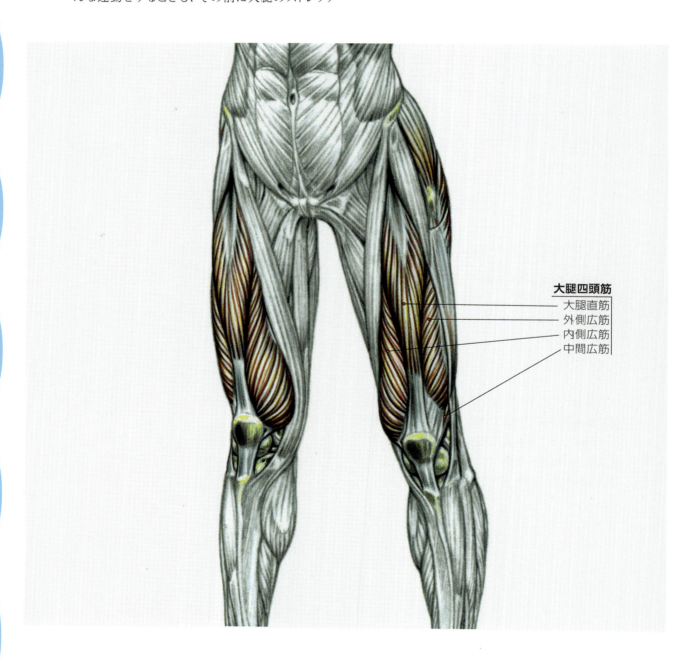

大腿四頭筋
- 大腿直筋
- 外側広筋
- 内側広筋
- 中間広筋

膝痛を予防する

膝の問題は日常生活でもスポーツでもとても多い。スポーツによっては（ボールやラケットを使うスポーツ、格闘技、ランニング、スキー、自転車など）さらに膝痛が起こりやすい。膝痛が頻繁に起こるのは、次に示すように2種類の緊張のアンバランスが原因だ。

→ ハムストリングによって半月板にかかる緊張と大腿四頭筋による緊張のアンバランス。

→ 大腿四頭筋を構成する4つの筋肉のアンバランス。

これらの筋肉はもともと膝蓋骨を均等な力で引っ張ることはできず、そのせいで膝蓋骨が不安定になる。これらの筋肉のアンバランスの結果、横からの緊張または前面の緊張が均等ではなくなり、膝関節は不安定なポジションに置かれる。

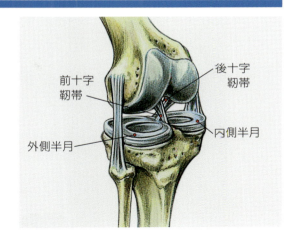

ストレッチングプログラムは、必ず次の効果があるものでなければならない。

→ 緊張のバランスを取り戻し、膝蓋骨にかかる緊張を軽減する。

→ 大腿の筋肉を強化し、より効果的に膝関節を保護できるようにする。

膝を守る効果のある完全なトレーニングプログラムにするには、大腿四頭筋もハムストリングもターゲットにしよう。

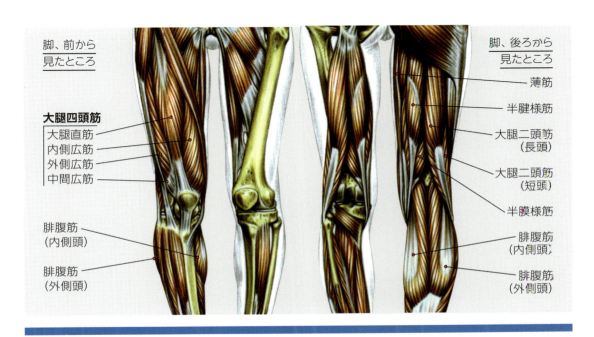

両側大腿四頭筋のストレッチ

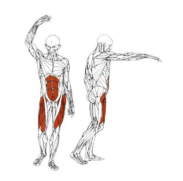

上級者向けバージョン

正座して上体を後ろに倒す。肘が肩の真下にくる位置で前腕を体と平行に床につく。殿筋をしっかり締めて腰椎が反らないようにし、大腿四頭筋をストレッチする。ゆっくりと規則正しく呼吸しながら、ストレッチを30秒保持する。

左右の大腿四頭筋を同時にストレッチし、腹筋もストレッチするエクササイズ

正座する。指先を後ろに向けて手のひらを床に押し当てる。殿筋を締めて腰椎が反らないようにし、殿部を踵から浮かす。こうすると大腿四頭筋が適度にストレッチされる。ゆっくりと規則正しく呼吸しながら、このポジションを30秒くらい保持する。

大腿四頭筋のストレッチ | 95

最上級者向けバージョン

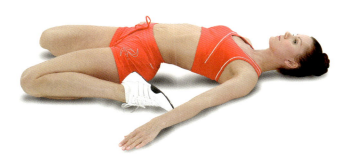

　仰向けに寝て、腕を体から少し離し、脚を折りたたむ。背中が反りすぎないように注意。酸素がよく行き渡るように頭は体と一直線になるようにしておく（顎を引いたり、頭をのけぞらせたりしない）。ゆっくりと規則正しく呼吸しながら、ストレッチを30秒保持する。

片側大腿四頭筋のストレッチ

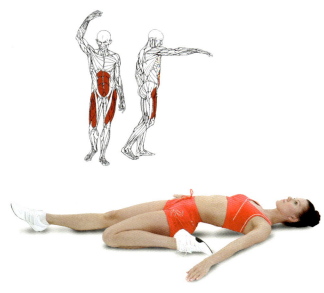

大腿四頭筋を片側ずつストレッチし、腹筋もストレッチするエクササイズ

　脚を伸ばして仰向けに寝る。腕は少し広げる。片脚を折りたたむ。背中が反りすぎないように注意。酸素がよく行き渡るように頭は体と一直線になるようにしておく。ゆっくりと規則正しく呼吸しながら、ストレッチを30-50秒保持する。反対側も同様にストレッチする。

バランスをとりながら行う大腿四頭筋のストレッチ

大腿四頭筋をストレッチすると同時にバランスと腹筋のトレーニングにもなるエクササイズ

　膝立ちになり、腕を水平に前に伸ばす。軽く体を後ろに倒し、肩が足の上にくるようにする。殿筋をしっかり締めて腰椎が反らないようにすること。ゆっくりと規則正しく呼吸しながら、このポジションを30秒くらい保持する。

立って行う大腿四頭筋のストレッチ

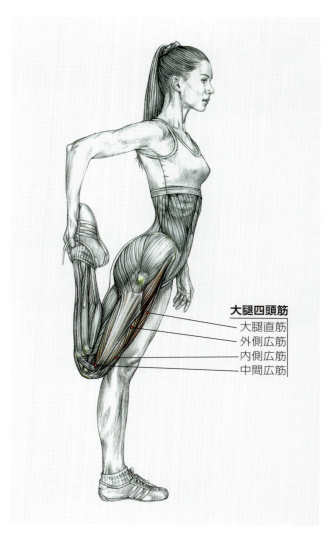

大腿四頭筋をストレッチし、バランスをとることも必要なエクササイズ

　脚を閉じて立ち、背筋をまっすぐ伸ばしておく。右脚を後ろに曲げて、足を右手でつかみ、踵をできるだけ殿部に近づける。殿筋を締めて腰椎が反らないようにする。ゆっくりと規則正しく呼吸しながら、このポジションを30秒くらい保持する。反対側も同様にストレッチする。

大腿四頭筋のストレッチ | 97

上級者向けバージョン

支えを使う直立バージョン

　脚を閉じて立ち、背筋をまっすぐ伸ばす。肩の高さで、固定された支えを左手でつかむ。右脚を後ろに曲げて、足を右手でつかみ、踵をできるだけ殿部に近づける。全身をまっすぐ伸ばしておき、殿筋を締めて腰椎が反らないようにする。ゆっくりと規則正しく呼吸しながら、このポジションを30秒くらい保持する。反対側も同様にストレッチする。

　脚を閉じて立ち、背筋をまっすぐ伸ばす。右脚を後ろに曲げて、足を右手でつかみ、踵をできるだけ殿部に近づける。骨盤を少し前に傾け、足を殿部より高くする。上体はまっすぐ伸ばしておき、殿筋と腹筋を締めて腰椎が反りすぎないようにする。ゆっくりと規則正しく呼吸しながら、このポジションを30秒くらい保持する。反対側も同様にストレッチする。このストレッチは前のエクササイズより難易度が高く、さらにバランスが要求される。

支えを使う上体水平バージョン

　ウエストの高さで、固定された支えに左手でつかまって立つ。右脚を後ろに曲げて、足を右手でつかみ、踵をできるだけ殿部に近づける。大腿がほぼ水平になるまで骨盤を前に傾ける。エクササイズ中ずっと殿筋を締めておくこと。ゆっくりと規則正しく呼吸しながら、このポジションを30秒くらい保持する。反対側も同様にストレッチする。股関節の屈筋の柔軟性も高めるさらに難易度の高いストレッチ。

ベンチバージョン

床バージョン

ベンチの前に立ち、右膝を後ろに引いてベンチにのせる。右足を右手でつかみ、腕を伸ばす。少し前かがみになり、踵を殿部のほうに引っ張りながら、左脚を曲げる。規則正しく呼吸しながら、このポジションを30秒くらい保持する。反対側も同様にストレッチする。この難易度を上げたストレッチはバランスとコーディネーション（筋肉運動の協調）のトレーニングになる。

左脚でフォワードランジのポジションになり、後ろの膝を床について体を支える。左手を左膝に置き、右足を右手でつかみ、ゆっくりと踵を殿部に近づける。深呼吸しながら、ストレッチを数秒保持する。脚を入れ替えて同様にストレッチする。大腿四頭筋と内転筋をストレッチしながらバランス感覚も改善するエクササイズ。

もっと強いストレッチのベンチバージョン ▶

このバージョンは前のバージョンにそっくりだが、上体のポジションに違いがある。上体は垂直のままで右腕を曲げる。規則正しく呼吸しながら、このポジションを30秒くらい保持する。背中を反らさないように注意。反対側も同様にストレッチする。とてもバランスが要求される難易度の高いストレッチ。

ハムストリングのストレッチ

大腿後面のハムストリングは、殿部のラインから続いている。座ってばかりいる人だと、ハムストリングの慢性的な運動不足でハムストリングがたるみ、脂肪が層になってついていることも多い。ひどくなると、セルライトと呼ばれる脂肪組織ができることもある。だから、ハムストリングを引き締め、セルライトをなくすには、ハムストリングのストレッチが重要だ。

ハムストリング断裂を予防する

アスリートの場合、特にサッカー、ラグビー、ラケットスポーツ、アイススケート、陸上競技など、不規則に全力疾走が必要なスポーツでは、ハムストリング断裂はかなりありふれたケガだ。これを予防するには、大腿を使う運動の前には軽いストレッチでハムストリングをよくウォームアップしよう。ストレッチをすれば可動域も広がり、動きが楽になる（特に全力疾走中の大きなストライド）。

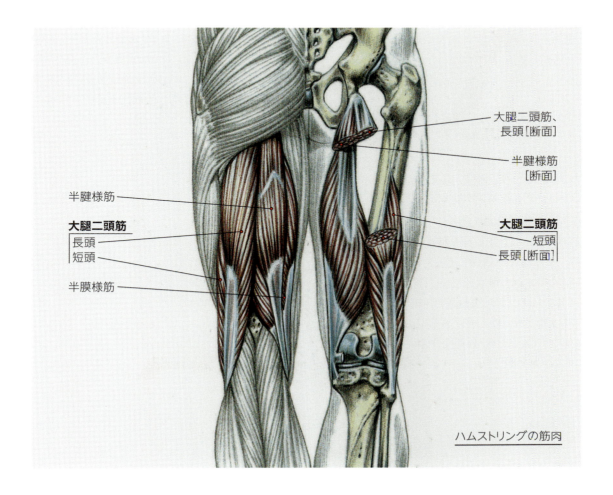

ハムストリングの筋肉

立って片側ずつ行うハムストリングのストレッチ

上級者向けバージョン

ハムストリング、殿部、ふくらはぎをストレッチするエクササイズ

両手を腰に添えて立ち、片脚を前に出す。前かがみになり、上体と前の脚が直角になるようにする。頭と体を一直線にそろえ、頸椎を引っ張らないようにする。踵は床につけたまま、足をできるだけ引き上げて、ふくらはぎもストレッチしながら、バランスをとる。ゆっくりと規則正しく呼吸しながら、ストレッチを30-40秒保持する。反対側も同様にストレッチする。

立ったポジションから、片脚を前に出す。前かがみになり、頸椎を引っ張らないように頭と体を一直線にそろえておく。踵は床につけたまま、足をできるだけ引き上げる。ストレッチを強めるために膝のすぐ上に両手を置く。ゆっくりと規則正しく呼吸しながら、ストレッチを30-40秒保持する。反対側も同様にストレッチする。前傾するほどストレッチが強くなる。

最上級者向けバージョン

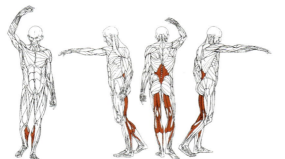

立ったポジションから、一歩前に出る。両脚を伸ばしたまま、前の脚にかぶさるようにできるだけ前かがみになる。前の足の周辺で手のひらを床に押し当てる。前の足の踵は床につけたまま、指の腹を引き上げる。ゆっくりと規則正しく呼吸しながら、ストレッチを30-40秒保持する。反対側も同様にストレッチする。ハムストリング、下背部、ふくらはぎをストレッチするエクササイズ。

さらに難易度の高いバージョン

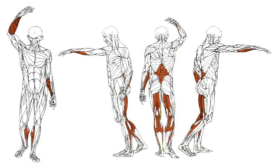

立ったポジションから、一歩前に出る。両脚を伸ばしたまま、前の脚にかぶさるようにできるだけ前かがみになる。前の足のできるだけ後ろで手のひらを床に押し当てる。前の足の踵は床につけたまま、指の腹を引き上げる。ゆっくりと規則正しく呼吸しながら、ストレッチを30秒保持する。反対側も同様にストレッチする。ハムストリング、ふくらはぎ、下背部をストレッチし、手根（手関節）屈筋の柔軟性も高めるエクササイズ。

片脚を曲げるバージョン	ベンチバージョン
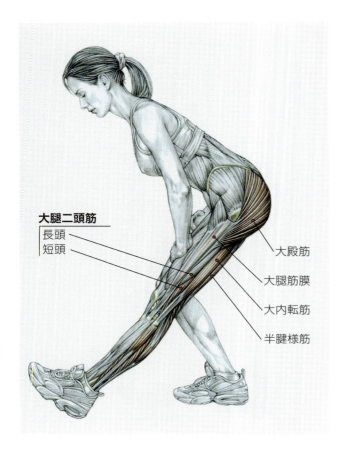	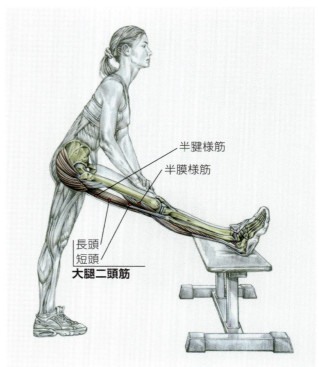
立って、脚を曲げずに大きく一歩前に出る。前の足の踵は床につけたまま、指の腹を引き上げる。頸椎を引っ張らないように頭と体を一直線にそろえたまま、前かがみになる。前の脚の膝のすぐ上に両手を置く。支持脚を曲げて、ハムストリングのストレッチを強め、殿筋もストレッチする。ゆっくりと規則正しく呼吸しながら、ストレッチを30秒保持する。反対側も同様にストレッチする。	ベンチの前に立つ。膝を曲げずに片脚を上げ、踵をベンチにのせる。頭と体を一直線にそろえたまま、45度くらい前かがみになる。膝のすぐ上に両手を置く。ゆっくりと規則正しく呼吸しながら、ストレッチを30秒保持する。反対側も同様にストレッチする。ハムストリング、下背部、殿部、ふくらはぎをストレッチするエクササイズ。

上級者向けベンチバージョン

　ベンチの前に立つ。膝を曲げずに片脚を上げ、踵をベンチにのせる。前かがみになり、足の隣で両手をベンチにつく。ゆっくりと規則正しく呼吸しながら、ストレッチを30秒保持する。反対側も同様にストレッチする。ハムストリング、殿部、下背部、ふくらはぎをストレッチするエクササイズ。

立って両側同時に行う
ハムストリングのストレッチ

ハムストリングと殿部をストレッチするエクササイズ

　脚を閉じ、膝を伸ばして立つ。上体と大腿が直角になるまで前かがみになり、大腿の中程に手を置く。頭と体は一直線にそろえておく。ゆっくり呼吸しながら、このポジションを30-40秒保持する。

上級者向けバージョン

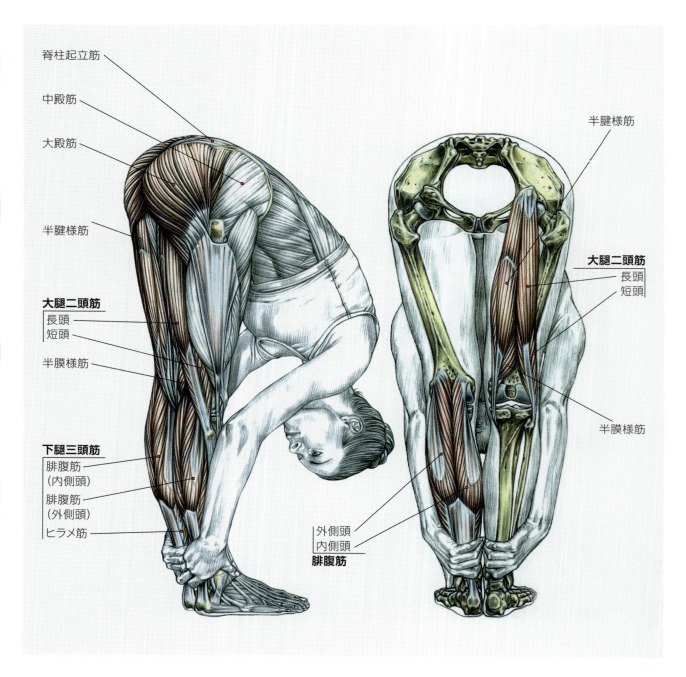

脚を閉じ、膝をまっすぐ伸ばして立つ。頭と体を一直線にそろえたまま、前かがみになり、後ろから足首をつかむ。ゆっくりと静かに呼吸しながら、ストレッチを30-40秒保持する。ハムストリングと殿部をストレッチするエクササイズ。

ハムストリングのストレッチ | 105

最上級者向けバージョン

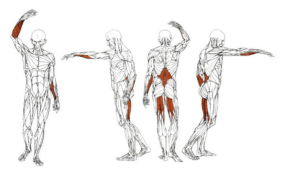

肩のストレッチを入れた上級者向けバージョン

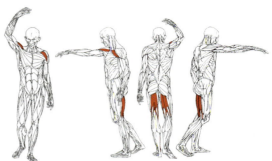

　脚を閉じ、膝をまっすぐ伸ばして立つ。頭と体を一直線にそろえたまま、前かがみになり、踵のそばで指先を後ろに向けて手のひらを床に押し当てる。ゆっくりと静かに呼吸しながら、ストレッチを30-40秒保持する。ハムストリングと下背部をストレッチし、手根（手関節）屈筋の柔軟性も高めるエクササイズ。

　脚を閉じ、膝をまっすぐ伸ばして立つ。背後で手を組む。前かがみになって頭を膝のほうに下げ、腕はできるだけ前方に押し上げる。ゆっくりと静かに呼吸しながら、ストレッチを30-40秒保持する。ハムストリングと三角筋をストレッチするエクササイズ。

棒を使うバージョン

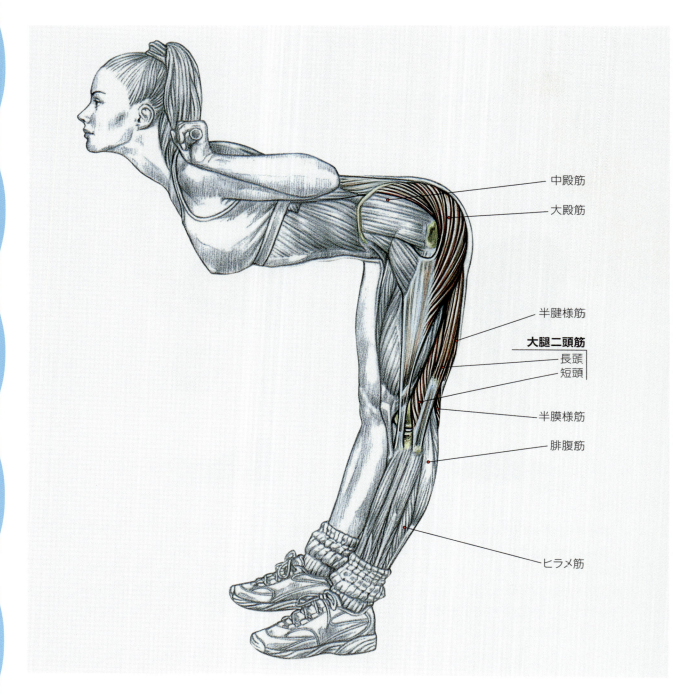

脚をやや開き、膝を伸ばして立つ。頭の後ろで棒を両手で持つ。棒を首ではなく僧帽筋にのせる。上体が水平になるまで前かがみになり、頭を引き上げる。ゆっくり呼吸しながら、ストレッチを30-40秒保持する。ハムストリング、肩、背中、殿部をストレッチするエクササイズ。

床バージョン

脚を伸ばして床に座り、頭と体を一直線にそろえたまま、前かがみになる。柔軟性に応じて、つま先かすねをつかむ。最後までゆっくりと規則正しく呼吸しながら、ストレッチを保持する。背中全体をリラックスさせ、ストレッチを強めるには、胸を大腿に近づけていく。このエクササイズが難しいなら、膝を少し曲げてもいい。

床で行うハムストリングのストレッチ

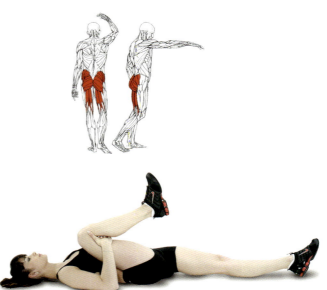

ハムストリングと殿部をストレッチし、背骨のリラックス効果にもすぐれたエクササイズ

仰向けに寝て、片脚を腹部に引き寄せる。膝裏近くの大腿を両手でつかむ。頭と体を一直線にそろえたまま、膝をできるだけ胸に近づける。ゆっくりと規則正しく呼吸しながら、このポジションを30秒保持する。反対側も同様にストレッチする。

上級者向けバージョン

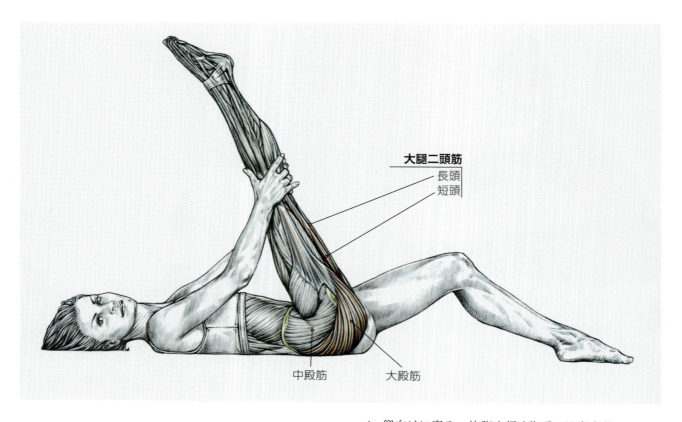

大腿二頭筋
- 長頭
- 短頭

中殿筋　大殿筋

▲ 仰向けに寝る。片脚を軽く曲げて足裏全体を床につく。反対側の脚はまっすぐ伸ばしたまま上げて足をポイントにする。膝を両手でつかむ。ゆっくりと規則正しく呼吸しながら、このポジションを30-40秒保持する。脚を入れ替えて同様にストレッチする。ハムストリングと大殿筋をストレッチするエクササイズ。

▲ 仰向けに寝て、片脚を腹部に引き寄せる。両手で足首をつかむ。頭と体を一直線にそろえたまま、膝をできるだけ胸に近づけ、足が膝の真上にくるようにする。ゆっくりと規則正しく呼吸しながら、このポジションを30秒保持する。反対側も同様にストレッチする。ハムストリングをストレッチするエクササイズ。

最上級者向けバージョン

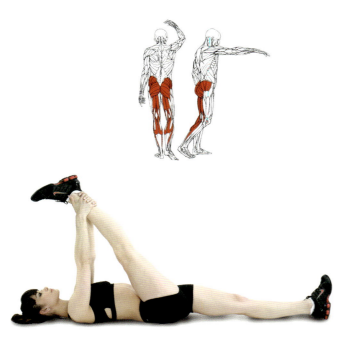

仰向けに寝て、両脚を伸ばす。片脚を上げて、足首を両手でつかむ。腕が肩の真上にくるようにする。ゆっくりと規則正しく呼吸しながら、このポジションを30秒保持する。反対側も同様にストレッチする。ハムストリングと腰筋をストレッチするエクササイズ。

ベンチに座って行うハムストリングのストレッチ

ハムストリングをストレッチし、ふくらはぎの柔軟性を高めるエクササイズ

ベンチに座り、片脚を曲げて足裏全体を床につく。反対側の脚は伸ばして踵を床につく。背中を伸ばしたまま前かがみになり、両手でつま先をつかむ。ストレッチを30秒保持する。最後まで普通に呼吸すること。脚を入れ替えて同様にストレッチする。

ツイストバージョン

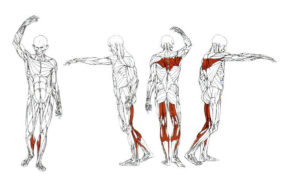

　ベンチに座り、左脚を曲げて足裏全体を床につく。右脚は伸ばして、やはり足裏全体を床につく。前かがみになり、右手をベンチにつき、左手は右足の外側に添える。このポジションを30秒保持する。最後まで普通に呼吸すること。脚を入れ替えて同様にストレッチする。伸ばす脚の足裏を床につけておくと、ハムストリングだけがストレッチされるので、ストレッチの強度が弱まる。

ハムストリングと内転筋

ハムストリングをストレッチし、それより弱いが内転筋もストレッチするエクササイズ

　床に座り、片脚を曲げ、反対側の脚は前に伸ばす。伸ばした脚のつま先を両手でつかみ、ゆっくりと規則正しく呼吸しながら、ストレッチを30秒保持する。反対側も同様にストレッチする。

内転筋のストレッチ

　日常生活では、内転筋はあまり使われない。内転筋はもともと緊張が弱いので、定期的なストレッチングで強化しようというのは賢明な策だ。多数のスポーツで、特にテニスなど左右の動きが必要なスポーツでは、内転筋が酷使される。内転筋が痛みの激しいケガをしやすい部位なのはこういうわけだ。ランナー、そしてテニスや格闘技のアスリートは、内転筋の柔軟性向上にことさら気をつけなければいけない。

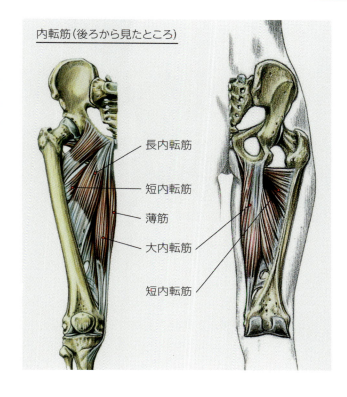

⚠ ワイドスプリットに注意！

ワイドスプリット（前後開脚や左右開脚）ができると柔軟性があると見なされる。しかし、スプリットができるからといって柔軟性があるとはかぎらない。同様に、スプリットができないからといって柔軟性がないとはかぎらない。一定の格闘技、あるいは決まった型でスプリットが使われるダンスや体操を除けば、すごいという印象以外、ワイドスプリットはとりたてて有意義なものではない。ところで、体のタイプによってはスプリットができるようにできていない（p.112を参照）。スプリットは単関節運動で、ぜひやるべきエクササイズでもないので、スプリットばかりに重点を置いたストレッチングプログラムにはしないほうがいい。

骨形態学から見た股関節の違い

脚を伸ばして行う内転筋のストレッチ

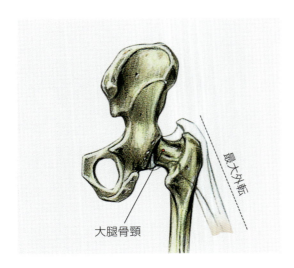

水平に近い大腿骨頸は内反股と呼ばれる。大腿骨頸が寛骨臼の上縁に早くぶつかるため外転が制限される。

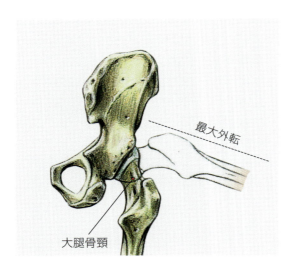

垂直に近い大腿骨頸は外反股と呼ばれる。大きく外転しやすい。

内転筋、ハムストリング、ふくらはぎをストレッチするエクササイズ

背筋と脚を伸ばしてベンチの隣に立ち、両手をウエストに添える。片脚の踵をベンチにのせ、つま先を上に向ける。ゆっくりと規則正しく呼吸しながら、ストレッチを30秒保持する。反対側も同様にストレッチする。内転筋とハムストリングが同時にターゲットになるストレッチ。

内転筋のストレッチ | 113

上級者向けバージョン

内転筋とハムストリングをストレッチするエクササイズ

　身長に応じて65-80cmくらいの高さの支えの隣に背筋を伸ばして立ち、両手をウエストに添える。片脚のふくらはぎを支えにのせて脚を水平に伸ばし、つま先を上に向ける。床についた足はややターンアウトする（つま先を外に向ける）。ゆっくりと規則正しく呼吸しながら、ストレッチを30秒保持する。反対側も同様にストレッチする。より直接的に内転筋をストレッチするために、ふくらはぎではなく、大腿を支えにのせてもいい。このバージョンのメリットの1つは、膝がねじれないことだ。

脚を内側に回す上級者向けバージョン

　このストレッチは前のものにそっくりだが、支えにのせる脚を静かに45度くらい内側にねじり、膝と足を前に向ける。ゆっくりと規則正しく呼吸しながら、ストレッチを30秒保持する。反対側も同様にストレッチする。内転筋と股関節をストレッチするエクササイズ。膝を無理にねじらないように気をつけよう。

脚を曲げて行う内転筋のストレッチ

上級者向けバージョン

支えの近くに立ち、右脚を軽く曲げて足をややターンアウトする。右手をウエストに添える。左脚を曲げて支えにのせる。左手を支えについて、ゆっくりと規則正しく呼吸しながら、ストレッチを30秒保持する。反対側も同様にストレッチする。床につく脚を曲げることで内転筋にかかる緊張が強くなる。

内転筋と股関節をストレッチするエクササイズ

支えの近くに立ち、右脚を伸ばして足をややターンアウトする。右手をウエストに添える。左脚を曲げて支えにのせる。左手を支えについて、ゆっくりと規則正しく呼吸しながら、ストレッチを30秒保持する。反対側も同様にストレッチする。

内転筋のストレッチ | 115

内転筋のスクワットストレッチ

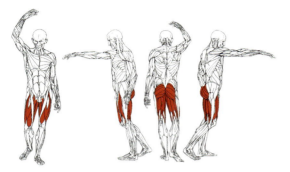

相撲バージョン

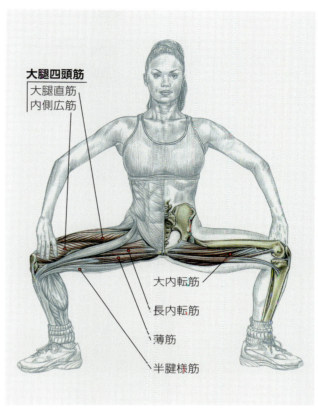

**内転筋、殿部、大腿四頭筋、
ハムストリングをストレッチするエクササイズ**

　脚を開き、足をターンアウトしてしゃがむ。背筋をまっすぐ伸ばしておく。肘を膝の内側に当て、手を組む。肘で膝を外側に押すが、無理に押さないこと。ゆっくりと規則正しく呼吸しながら、ストレッチを30秒保持する。

　脚を開き、足をターンアウトして立つ。背筋を伸ばしておく。大腿が水平になるまで上体を下げ、手を膝に置く。普通に呼吸することに気をつけながら、このポジションを15-20秒保持する。内転筋、殿部、大腿四頭筋をストレッチするエクササイズ。

座って行う内転筋のストレッチ

上級者向けバージョン

前のエクササイズと同じポジションで座るが、背筋はまっすぐ伸ばしておく。指先を内側に向けて手を膝に置き、軽く押してストレッチを強める。ゆっくりと規則正しく呼吸しながら、ストレッチを30秒保持する。

内転筋と股関節をストレッチするエクササイズ

あぐらをかいて座り、足裏どうしを合わせる。少し前かがみになり、両手で足をつかむ。ゆっくりと規則正しく呼吸しながら、ストレッチを40秒保持する。

内転筋のストレッチ | 117

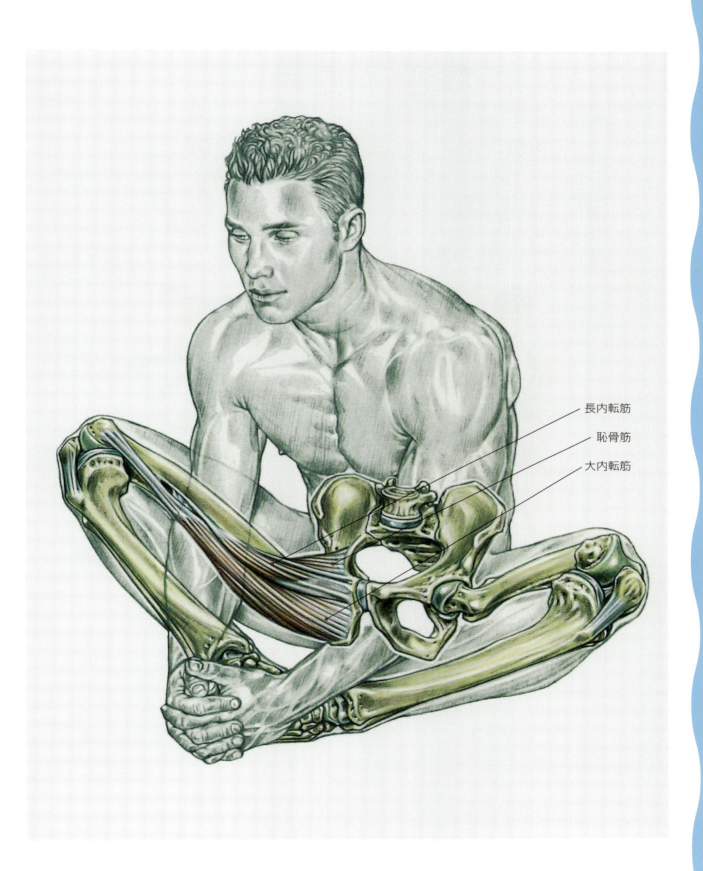

長内転筋
恥骨筋
大内転筋

座って行う内転筋とハムストリングのストレッチ

**曲げた脚の内転筋と伸ばした脚の
ハムストリングをストレッチするエクササイズ**

　あぐらをかいて座り、背筋を伸ばす。左脚を曲げ、右脚は前に伸ばす。背後で右手を床につき、腕は伸ばしておく。左手を左膝に置き、軽く押してストレッチを強める。ゆっくりと規則正しく呼吸しながら、ストレッチを30秒保持する。反対側も同様にストレッチする。

立って行う内転筋とハムストリングのストレッチ

**内転筋、殿部、ハムストリングを
ストレッチするエクササイズ**

　脚をできるだけ開いてベンチのそばに立つ。上体が水平になるまで前かがみになる。前腕をベンチにつき、手を組む。最後までゆっくりと規則正しく呼吸しながら、ストレッチを30秒保持する **1**。脚の間隔を広くするほど、内転筋のストレッチ感が強くなる。上体を前傾させるほど、ハムストリングのストレッチ感が強くなる **2**。

内転筋とハムストリングの
サイドランジストレッチ

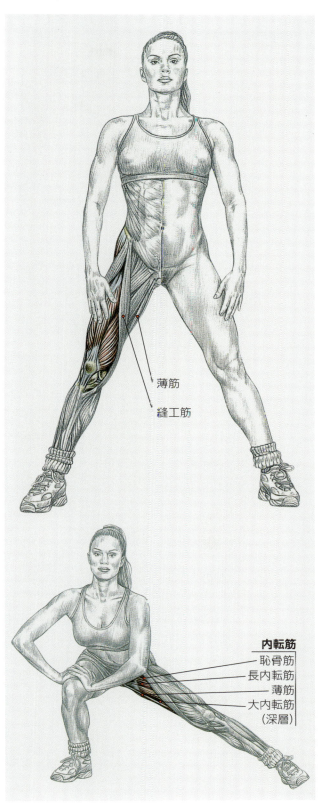

**内転筋、殿部、ハムストリングを
ストレッチするエクササイズ**

　立ったポジションから、横にランジをする。手を組んで、曲げた脚の膝のすぐ上に置く。伸ばした脚のつま先を上に向けると、内転筋とハムストリングのストレッチになる**1**。伸ばした脚の足裏を床につけると、主に内転筋のストレッチになる**2**。ゆっくりと規則正しく呼吸しながら、どちらかのポジションを30秒保持する。反対側も同様にストレッチする。

ふくらはぎのストレッチ

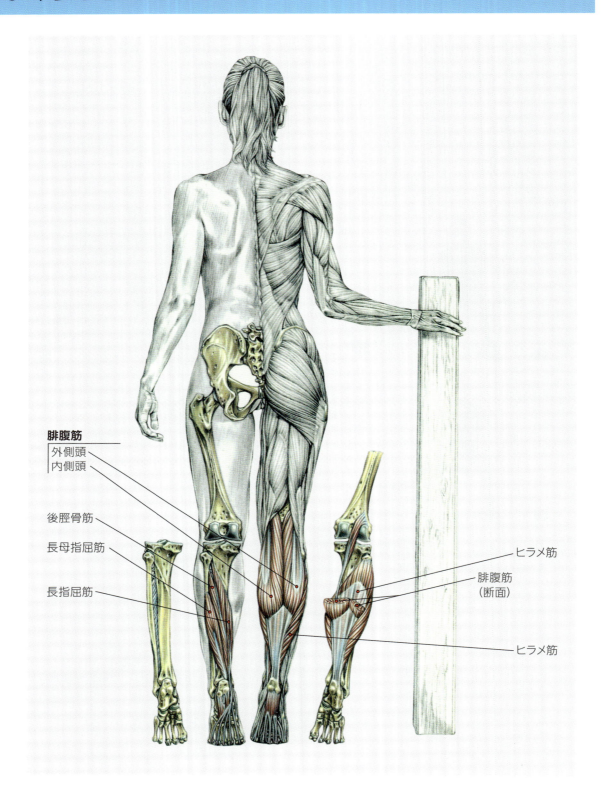

ふくらはぎのストレッチには次の2つの目的がある。

→ 足首（足関節）を柔軟に保つ（年齢とともに、この関節は硬くなる傾向がある）。
→ 捻挫を予防する。足を踏みはずしたり、でこぼこの地面を走ったりすると捻挫することがある。

アスリートは、ほかの誰よりも、念入りにふくらはぎをストレッチしてストライドを保護し、足首に頻発するケガを予防したほうがいい。

メモ

ふくらはぎのストレッチは、片脚ずつでも、両脚同時でもOK。ただし、片脚ずつのほうが可動域は広がる。すでに述べたように、片側だけストレッチするほうが柔軟性が高いのが体の常であり、体重が両脚に分散されるよりも、片脚だけにかかるほうが、しっかりストレッチされるからだ。

運動前には必ずふくらはぎを
ストレッチすること！

足首の捻挫やアキレス腱の損傷を避けるには、足をとても柔軟にしておかなければならない。どんなスポーツをするにしても、トレーニングは必ずふくらはぎのストレッチから始めよう。ふくらはぎの筋肉は大腿骨に付着している。だから、膝関節を正しくウォームアップするには、大腿四頭筋やハムストリングを動かす前にふくらはぎをストレッチすべきなのだ。

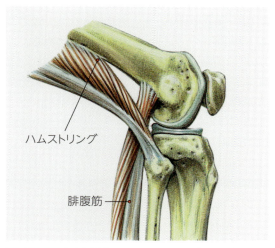

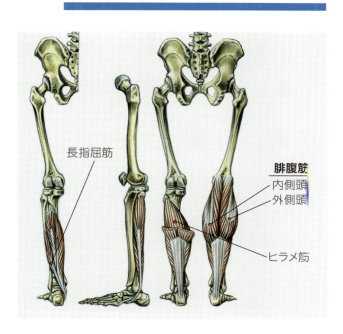

メモ

足首を捻挫すると、短腓骨筋と長腓骨筋をそれぞれの腱溝に保持している靭帯が損傷する。この2つの筋肉のストレッチとウォームアップでケガのリスクを減らすことができる。

122 | ストレッチの実践

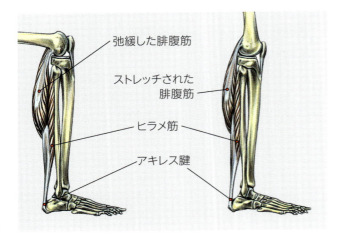

脚を伸ばして行うふくらはぎのストレッチ

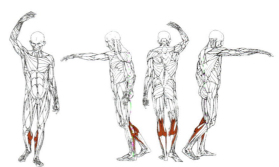

ふくらはぎをストレッチする方法はいろいろある。脚をまっすぐ伸ばすと主に腓腹筋がストレッチされる。脚を曲げるとヒラメ筋がストレッチされる。いろいろな方法で（立って、ランジで、ねじって）ふくらはぎをストレッチすることが大切だ。それぞれの運動でふくらはぎの異なる部分の柔軟性がターゲットになるからだ。これらのエクササイズは補い合う関係にある。

シューズか裸足か？

ふくらはぎをストレッチするとき裸足になることはできる。ただし、足底腱膜の保護と快適さを考えれば、特にアスリートの場合は、スポーツシューズを履くほうが賢明だ。むしろシューズのサポートで足首が正常なポジションに保たれる（床に立っているかのように）。さらに、シューズで得られる快適さのおかげで、よりしっかりストレッチできる（ただしフラットシューズに限る）。

ふくらはぎの腓腹筋を
ストレッチするエクササイズ

　背筋（せすじ）を伸ばして立ち、両手をウエストに添える。腹筋と殿筋を締めて体を安定させる。片脚を前に出して、踵は床につけたまま、10cm前後の高さの支えにつま先をのせる。ゆっくりと規則正しく呼吸しながら、このポジションを30秒保持する。反対側も同様にストレッチする。

ふくらはぎのストレッチ | 123

脚を曲げて行うふくらはぎのストレッチ

支えを使わないバージョン

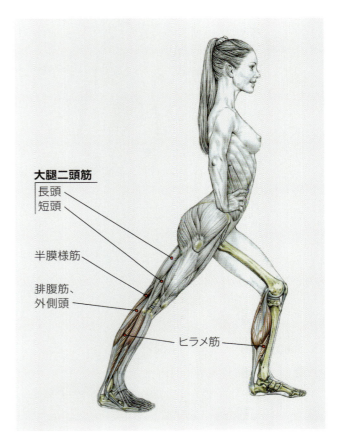

大腿二頭筋
- 長頭
- 短頭

半膜様筋

腓腹筋、外側頭

ヒラメ筋

ふくらはぎをストレッチし、大腿とハムストリングの柔軟性を高めるエクササイズ

　立って片脚を前に出し、踵は床につけたまま、10cm前後の高さの支えにつま先をのせる。その脚を曲げて前かがみになる。両手を膝のすぐ上に置く。後ろの脚は伸ばして足裏全体を床につけておく。ゆっくりと規則正しく呼吸しながら、ストレッチを30秒保持する。反対側も同様にストレッチする。

　両手をウエストに添えて立ち、小さく前に1歩踏み出してランジのポジションになる。背筋(せすじ)をまっすぐ伸ばし、後ろの脚は伸ばして足裏全体を床につけておく。ゆっくりと規則正しく呼吸しながら、このポジションを30秒保持する。反対側も同様にストレッチする。

ふくらはぎのランジストレッチ

支えを使うバージョン

ふくらはぎ、大腿、殿部、ハムストリング、股関節の屈筋をストレッチするエクササイズ

ベンチの前に立ち、フォワードランジのポジションになる。前に出した脚のつま先を踵は床につけたまま10cm前後の高さの支えにのせる。両手でベンチを押し、後ろの脚を軽く曲げて踵を上げ、可動域を増やす。腹筋と殿筋を絞って上体をまっすぐに保つ（背中を反らさないこと）。ゆっくりと規則正しく呼吸しながら、このポジションを30秒保持する。反対側も同様にストレッチする。

椅子の背に両手でつかまり体を支えて立つ。片足をじわじわと横にねじる。ストレッチを15秒くらい保持したら、足を入れ替える。足首をストレッチするときに自分のコントロールが効く度合いが大きいバージョン。

ふくらはぎと足首（足関節）のストレッチ

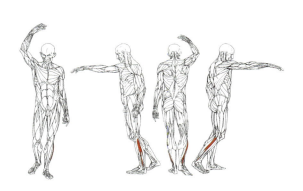

コントロールしたバージョン

あぐらをかいて床に座り、背筋を伸ばす。上の脚のふくらはぎを片手で持ち、反対側の手で足をつかむ。静かに上に引っ張って足首の外側をストレッチする。ストレッチを30秒保持したら、反対側の足首も同様にストレッチする。足首が硬い人は、このエクササイズから始めてもOK。ただし、足首が柔軟になったら、このポジションでは自然な緊張に乏しく、柔軟性の向上が望めなくなる。そうなったら、前のエクササイズに移行する必要がある。

ふくらはぎと足首の外側をストレッチするエクササイズ

立って、片足をじわじわと横にねじる。反対側の脚で体を安定させる。ストレッチを15秒保持したら、足を入れ替える。少なくとも初めのうちは、両足首を同時にストレッチするのはお勧めしない。その理由としては、コントロールが効かずに、過剰に関節をストレッチしてしまうのを防げるからだ。このストレッチは足首の捻挫予防に効果的。

ストレッチング
プログラム

筋肉を引き締め、心身を健康にする ストレッチングプログラム

ストレッチングを手軽に始め、少しずつエクササイズに慣れていけるように3つのプログラムを紹介する。

初心者向けプログラム

初心者向けプログラムは、自分の体の可動性に気づけるようなものがふさわしい。自分の柔軟性を再発見するために、これから紹介するエクササイズを定期的に実行しよう。

最大の効果を得るために次のことを心がけてほしい。

→できるだけリラックスする。

→呼吸を意識する。

→全身の筋肉に十分な酸素が行き渡るようにする。

→筋線維をていねいにリラックスさせる。

→はずみをつけて動かない。

メモ

各プログラムの全ストレッチを順番に行い、ストレッチの間に休憩はほとんど入れない。このスピードが心血管機能の健康維持を助け、合計トレーニング時間を最小限にする。プログラムの全ストレッチを1回やり終えると、サーキットトレーニングを1回完了したことになる。必要なら、トレーニングごとにサーキットを1、2回繰り返す。1サーキットを週2回行うことをお勧めする。

筋肉を引き締め、心身を健康にするストレッチングプログラム | 129

1 胸
p.48
時間：各腕20秒

2 肩前面と胸
p.39
時間：30秒

3 ふくらはぎとハムストリング
p.123
時間：各脚20秒

4 首の側面
p.32
時間：左右30秒ずつ

5 首の後面
p.32
時間：40秒

6 内転筋とハムストリング
p.113
時間：各脚20秒

7 体幹の側屈筋と背中
p.61
時間：左右20秒ずつ

中級者向けプログラム

　自分の体の可動性、呼吸、正しい関節の配置をよく意識できていると感じるようになったら、このプログラムに進む。このプログラムでは、ストレッチの時間を長くして可動域を広げよう。ストレッチ中はずっとゆっくり、規則正しく呼吸すること。このプログラムを週2、3回、毎回2、3サーキット行うことをお勧めする。

1
ふくらはぎ
p.122
時間：各脚20秒

2
ハムストリング、殿部、ふくらはぎ
p.100
時間：各脚30秒

3
殿部とハムストリング
p.89
時間：各脚20秒

4
肩前面と胸
p.39
時間：30秒

5
体幹の側屈筋と背中
p.60
時間：左右20秒ずつ

6
体幹の回旋筋
p.64
時間：左右30秒ずつ

7
殿部とハムストリング
p.90
時間：各脚20秒

8
大腿四頭筋
p.97
時間：各脚30秒

上級者向けプログラム

　このプログラムでは、細かい体の配置、特にひねりや回旋の入るエクササイズでそれに取り組むことで自分の体をさらに熟知することをめざす。このプログラムを週3、4回、毎回3－5サーキット行うことをお勧めする。時間が足りない人は、朝半分、夜残りの半分をやろう。

1
股関節と殿部
p.85
時間：左右30秒ずつ

2
広背筋と体幹の回旋筋
p.78
時間：左右20秒ずつ

3
肩と上腕三頭筋
p.46
時間：各腕20秒

4
大腿四頭筋
p.94
時間：40秒

5
大腿四頭筋
p.95
時間：各脚20秒

6
体幹の回旋筋
p.66
時間：左右30秒ずつ

7
胸
p.48
時間：各腕20秒

8
肩後面
p.45
時間：各腕45秒

（つづく）

上級者向けプログラム（つづき）

9
ふくらはぎ、ハムストリング、殿部
p.124
時間：各脚30秒

→

10
股関節、殿部、背中
p.84
時間：左右30秒ずつ

→

11
ハムストリングと腰筋
p.109
時間：各脚30秒

→

12
内転筋、殿部、ハムストリング
p.118
時間：45秒

アスリートのための
ストレッチングプログラム

プログラムのガイドライン

　これから紹介するプログラムは、主なスポーツの具体的なニーズに合わせて組み立てられている。プログラムを行うときは、トレーニングの回を重ねて上達するにつれて少しずつ強度を上げていかなければならない。平均して週2回くらいトレーニングしたほうがいい。一定のレベルの柔軟性に到達して満足したら、それを維持するのに週1回でも十分だろう。

　各プログラムの全ストレッチを順番に行い、ストレッチの間に休憩はほとんど入れない。このスピードが心血管機能の健康維持を助け、合計トレーニング時間を最小限にする。

　プログラムの全ストレッチを1回やり終えると、サーキットトレーニングを1回完了したことになる。このサーキットを毎回2、3回繰り返そう。

　初めのうちは、各ストレッチを15-45秒保持する。上達するにつれて、この時間を伸ばしていく。目標は1分だ。

　片側ずつストレッチする必要がある場合は、1回目のサーキットでは右側から始め、2回目のサーキットでは左側から始める。

アスリート向け基本プログラム

この基本プログラムは、短期間で簡単に全関節の柔軟性を高めてくれる。毎回3-5サーキット行うことをお勧めする。

1 肩前面と胸
p.39
時間：40秒

2 上腕三頭筋
p.52
時間：各腕20秒

3 手根（手関節）屈筋
p.54
時間：30秒

4 体幹の回旋筋
p.64
時間：左右30秒ずつ

5 股関節、殿部、背中
p.84
時間：左右30秒ずつ

6 大腿四頭筋
p.94
時間：30秒

7 ハムストリング、殿部、ふくらはぎ
p.100
時間：各脚20秒

ゴルフおよび体幹の回旋が入るスポーツ

　このサーキットの主な目標は、体幹を回旋させる能力を高め、肩を保護し、前腕の柔軟性を向上させることだ。毎回4-6サーキット行うことをお勧めする。

1
体幹の回旋筋
p.65
時間：左右30秒ずつ

2
肩と上腕三頭筋
p.46
時間：各腕20秒

3
肩後面、僧帽筋、菱形筋
p.43
時間：各腕20秒

4
上腕三頭筋
p.52
時間：各腕30秒

5
手根（手関節）伸筋
p.56
時間：30秒

6
股関節、殿部、背中
p.85
時間：左右45秒ずつ

7
ふくらはぎとハムストリング
p.123
時間：各脚30秒

走るスポーツ、サッカー、スケート

このサーキットの主な目標は、足首の捻挫を予防し、股関節の柔軟性を高め、大腿の全筋肉の可動域を広げることだ。毎回3-5サーキット行うことをお勧めする。

1 殿部と腰筋
p.89
時間：各脚45秒

2 大腿四頭筋
p.95
時間：各脚20秒

3 内転筋とハムストリング
p.113
時間：各脚20秒

4 上腕三頭筋
p.52
時間：各腕30秒

5 ふくらはぎとハムストリング
p.123
時間：各脚20秒

6 ふくらはぎと足首
p.125
時間：各脚45秒

スキー

　このサーキットの主な目標は、大腿の全筋肉の可動域を広げ、足首の捻挫を予防し、肩の柔軟性を高めることだ。毎回3-5サーキット行うことをお勧めする。

1
内転筋とハムストリング
p.113
時間：各脚45秒

2
ふくらはぎ、ハムストリング、殿部
p.124
時間：各脚30秒

3
体幹の回旋筋
p.65
時間：左右45秒ずつ

4
大腿四頭筋
p.94
時間：各脚45秒

5
ハムストリング、殿部、ふくらはぎ
p.100
時間：各脚45秒

6
肩前面と胸
p.39
時間：45秒

7
ふくらはぎと足首
p.125
時間：各脚45秒

格闘技

　このサーキットの主な目標は、肩甲骨の可動性を高め、体幹の回旋を改善し、首を保護し、下半身の可動域を広げることだ。毎回5-8サーキット行うことをお勧めする。

1
肩後面
p.45
時間：各腕45秒

2
上腕三頭筋
p.52
時間：各腕45秒

3
肩後面、僧帽筋、菱形筋
p.43
時間：各腕45秒

4
体幹の回旋筋
p.66
時間：左右45秒ずつ

5
内転筋、ハムストリング、ふくらはぎ
p.112
時間：各脚45秒

6
首の側面
p.30
時間：左右45秒ずつ

7
ハムストリング、殿部、ふくらはぎ
p.100
時間：各脚45秒

8
内転筋、殿部、ハムストリング
p.119
時間：各脚45秒

アスリートのためのストレッチングプログラム | 139

自転車

　このサーキットの主な目標は、股関節の柔軟性を高め、足首の可動域を広げ、肩をリラックスさせ、背中をストレッチすることだ。毎回3-6サーキット行うことをお勧めする。

1
股関節、殿部、背中
p.84
時間：左右45秒ずつ

2
殿部と腰筋
p.89
時間：各脚30秒

3
ふくらはぎ、ハムストリング、殿部
p.124
時間：各脚30秒

4
肩と上腕三頭筋
p.46
時間：各腕20秒

5
大腿四頭筋
p.94
時間：45秒

6
肩後面、僧帽筋、菱形筋
p.43
時間：各腕20秒

7
背筋と腹筋
p.73
時間：45秒

投げるスポーツ（砲丸投げ、バスケットボール、ハンドボール）

このサーキットの主な目標は、体幹の回旋を改善し、股関節の回旋筋の可動域を広げ、肩を保護することだ。毎回3-6サーキット行うことをお勧めする。

1
上腕三頭筋
p.52
時間：各腕20秒

2
肩と上腕三頭筋
p.46
時間：各腕15秒

3
肩後面
p.45
時間：各腕20秒

4
体幹の回旋筋
p.66
時間：左右45秒ずつ

5
股関節、殿部、背中
p.84
時間：左右45秒ずつ

6
手根（手関節）屈筋
p.54
時間：30秒

乗馬

このサーキットの主な目標は、股関節の柔軟性を高め、内転筋の可動域を広げ、背骨を減圧し、肩をリラックスさせることだ。毎回3-6サーキット行うことをお勧めする。

1
大腿四頭筋
p.94
時間：45秒

→

2
ふくらはぎとハムストリング
p.123
時間：各脚30秒

→

3
股関節、殿部、背中
p.85
時間：左右45秒ずつ

→

4
内転筋とハムストリング
p.113
時間：各脚30秒

→

5
体幹の回旋筋
p.64
時間：左右45秒ずつ

→

6
肩と上腕三頭筋
p.46
時間：各腕20秒

→

7
肩後面、僧帽筋、菱形筋
p.43
時間：各腕20秒

→

8
上腕三頭筋
p.52
時間：各腕20秒

水泳

　一流のスイマーは並はずれて体が柔軟だ。特に肩、脚、足首、そして腰部の柔軟性がきわめて高い。このプログラムの目標もそれらを達成することだ。毎回3-6サーキット行うことをお勧めする。

1
胸と肩前面
p.47
時間：左右30秒ずつ

2
体幹の回旋筋
p.66
時間：左右45秒ずつ

3
肩と上腕三頭筋
p.46
時間：各腕20秒

4
上腕三頭筋
p.52
時間：各腕20秒

5
大腿四頭筋
p.96
時間：45秒

6
腰部と腹筋
p.74
時間：45秒

7
肩後面、僧帽筋、菱形筋
p.43
時間：各腕20秒

8
背筋と腹筋
p.73
時間：45秒